一本书读通

世界名著

姚丽萍　编著

光明日报出版社

图书在版编目（ＣＩＰ）数据

一本书读通世界名著 / 姚丽萍编著 . -- 北京：光明日报出版社，2012.6（2025.1 重印）

ISBN 978-7-5112-2372-2

Ⅰ .①… Ⅱ .①姚… Ⅲ .①名著-介绍-世界-青年读物 ②名著-介绍-世界-少年读物 Ⅳ .① Z835-49

中国国家版本馆 CIP 数据核字 (2012) 第 076437 号

一本书读通世界名著

YIBENSHU DUTONG SHIJIE MINGZHU

编 著：姚丽萍			
责任编辑：李 娟		责任校对：日 央	
封面设计：玥婷设计		封面印制：曹 净	

出版发行：光明日报出版社

地　　址：北京市西城区永安路 106 号，100050

电　　话：010-63169890（咨询），010-63131930（邮购）

传　　真：010-63131930

网　　址：http://book.gmw.cn

E - mail：gmrbcbs@gmw.cn

法律顾问：北京市兰台律师事务所龚柳方律师

印　　刷：三河市嵩川印刷有限公司

装　　订：三河市嵩川印刷有限公司

本书如有破损、缺页、装订错误，请与本社联系调换，电话：010-63131930

开　　本：170mm×240mm		
字　　数：195 千字	印　张：13	
版　　次：2012 年 6 月第 1 版	印　次：2025 年 1 月第 4 次印刷	
书　　号：ISBN 978-7-5112-2372-2		
定　　价：45.00 元		

出版说明

英国伟大的哲学家培根曾说："读史使人明智，读诗使人聪慧，数学使人精密，哲理使人深刻，伦理学使人有修养，逻辑修辞使人善辩。"由此可见读书的重要意义，读书虽然不能使一个人的生命变长，但却可以使一个人的生命变宽；读书不仅可以为我们的人生点一盏明灯，有时还会改变我们的命运。

一个人的读书能力（包括精力、理解力、时间）是有限的，但世界经典名著是必须要读的，世界名著可以给人以智慧的启迪，可以提高一个人的修养，对我们的生活有着指导意义。在瞬息万变的数字时代，高效阅读越来越显示出它的重要性。青少年有繁重的学习任务，很少能做到对每一本名著都细致阅读。如何在有限的时间内领略世界名著的神韵、汲取经典名著的丰厚精髓？为了解决这一问题，让青少年在短时间内获取经典名著最大限度的滋养，我们精心为青少年打造了这本《一本书读通世界名著》。

《一本书读通世界名著》，一本在手，名著全通，世界名著尽在其中。历史、哲学、艺术、自然科学、心理学、教育学、未来学、法学、政治经济学等多个学科领域无所不包；"作者介绍"、"背景提示"、"内容提要"、"作品评价"、"名家汇评"、"经典摘录"等版块及栏目，从不同的角度和层面剖析作品，浓缩原著精华，提炼作品主旨，讲述名著背后的故事、捕捉作品之中的点睛之笔，给读者创造出一种轻松的阅读环境，让读者在较短时间内跨越鸿篇巨制的障碍，领略世界文学的博大精深，并产生进一步研究的愿望和探求新知的浓烈兴趣。本书不仅可以作为帮助青少年快速学习和掌握世界文学知识的工具书，还是一本世界经典名著的速查手册。

本书版式设计生动活泼，力图为青少年打造轻松愉悦的阅读空间，300余幅精美插图，包括作者肖像、精版书影、文物照片、遗址风貌、传世名画等，通过多种文化元素的融合让青少年直观、深入地了解世界名著，提高人文素质。大胆创新的版式设计，符合青少年的阅读习惯和阅读趣味，使广大青少年在汲取知识的同时扩大阅读视野。

目　录

人类历史上第一部世界性的通史著作——
希腊波斯战争史（古希腊／希罗多德）　1

开创了狭隘政治军事史的创作体例——
伯罗奔尼撒战争史（古希腊／修昔底德）　4

古希腊文化的最高代表——
理想国（古希腊／柏拉图）　8

古希腊美学的奠基之作——
文艺对话集（古希腊／柏拉图）　12

世界第一部哲学教科书——
形而上学（古希腊／亚里士多德）　15

开创了西方传统政治学体系——
政治学（古希腊／亚里士多德）　19

世界第一部系统探讨伦理问题的专著——
尼各马可伦理学（古希腊／亚里士多德）　23

希腊理智最完美的纪念碑——
几何原本（古希腊／欧几里得）　27

文学与史学的典范作品——
高卢战记（古罗马／盖乌斯·尤利乌斯·恺撒）　31

古罗马史学的代表作——
编年史（古罗马／普布里乌斯·塔西佗）　34

古希腊天文学和宇宙学思想的顶峰——
天文学大成（古希腊／克罗狄斯·托勒密）　37

讲述罗马内战的文化丰碑——
罗马史（古罗马／阿庇安）41

世界民法典结构的基础——
法学阶梯（古罗马／盖尤斯）45

基督教经典——
圣经 48

"世界第一大奇书"——
马可·波罗游记（意大利／马可·波罗）52

欧洲各国历代君王和统治者的案头书——
君主论（意大利／尼古拉·马基雅维里）56

空想社会主义思想体系的奠基之作——
乌托邦（英国／托马斯·莫尔）60

自然科学的"独立宣言"——
天体运行论（波兰／尼古拉斯·哥白尼）63

欧洲近代哲理散文经典——
蒙田随笔（法国／米歇尔·埃凯姆·蒙田）66

英国经验唯物主义的开山之作——
新工具（英国／弗兰西斯·培根）70

为近代教育体系建立了一个基本框架——
大教学论（捷克／扬·阿姆斯·夸美纽斯）73

西方近代第一部系统阐述国家学的经典著作——
利维坦（英国／托马斯·霍布斯）76

理性主义形而上学体系的代表作品——
伦理学（荷兰／别涅狄克特·德·斯宾诺莎）80

近代科学的奠基之作——
自然哲学的数学原理（英国／艾萨克·牛顿）83

以自然法学说说明国家起源和本质的范本——
政府论（英国／约翰·洛克）86

"理性和自由的法典"——
论法的精神（法国／查理·路易·孟德斯鸠）90

"美学"作为一个学术领域确立的标志——
美学（德国／亚历山大·哥特利士·鲍姆嘉通） 93

人类历史上第一部百科辞书——
百科全书（法国／丹尼斯·狄德罗） 96

世界政治学史上最著名的古典文献之一——
社会契约论（法国／让·雅克·卢梭） 99

介乎于小说与说教文之间的资产阶级教育专著——
爱弥尔（法国／让·雅克·卢梭） 102

最早系统阐述犯罪与刑罚原则的著作——
论犯罪与刑罚（意大利／切萨雷·贝卡里亚） 105

划时代的经济学巨著——
国民财富的性质和原因的研究（英国／亚当·斯密） 109

西方人口理论史上第一部比较系统的著作——
人口原理（英国／托马斯·罗伯特·马尔萨斯） 113

资产阶级国家最早的法典——
拿破仑法典（法国／编订者不详） 117

西方近代军事理论的经典之作——
战争论（德国／卡尔·克劳塞维茨） 120

马克思主义以前资产阶美学的高峰——
美学（德国／乔治·黑格尔） 124

进化论确立的标志——
物种起源（英国／查理·达尔文） 127

马克思主义的精髓所在——
资本论（德国／卡尔·马克思） 130

学术史上第一部用人类学材料写成的原始社会的发展史——
古代社会（美国／路易斯·亨利·摩尔根） 134

重估美的价值——
悲剧的诞生（德国／弗里德里希·尼采） 137

"第五福音书"——
查拉斯图拉如是说（德国／弗里德里希·尼采） 140

社会学理论的开山之作——
社会学原理（英国／赫伯特·斯宾塞） 144

奥地利学派边际价值论奠基之作——
国民经济学原理（奥地利／卡尔·门格尔） 148

新古典主义经济学理论的源泉——
经济学原理（英国／阿尔弗雷德·马歇尔） 152

人类精神分析的奠基之作——
梦的解析（奥地利／西格蒙特·弗洛伊德） 156

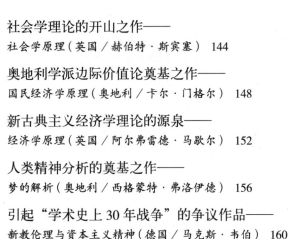

引起"学术史上30年战争"的争议作品——
新教伦理与资本主义精神（德国／马克斯·韦伯） 160

被美国人民称为"官方哲学"——
实用主义（美国／威廉·詹姆士） 163

揭开科学管理历史的新篇章——
科学管理原理（美国／弗雷德里克·温斯洛·泰罗） 167

图文并茂的通史名著——
世界史纲（英国／赫伯特·乔治·韦尔斯） 170

现代西方经济崛起的原动力——
就业、利息和货币理论（英国／约翰·梅纳德·凯恩斯） 173

文化形态史学的集大成之作——
历史研究（英国／阿诺德·约·汤恩比） 177

西方经济学经典教科书——
经济学（美国／保尔·安东尼·萨缪尔森） 180

存在主义哲学的经典著作——
存在与虚无（法国／让·保罗·萨特） 183

现代最重要、影响最大的教育著作之一——
教育过程（美国／杰罗姆·布鲁纳） 186

美国800多所大学管理学的教科书——
管理学（美国／斯蒂芬 .P. 罗宾斯） 190

迎接未来世界的行动线索——
第三次浪潮（美国／阿尔文·托夫勒） 194

扫码获取更多资源

人类历史上第一部世界性的通史著作

希腊波斯战争史

古希腊／希罗多德

■作者介绍

希罗多德（Herodotus，约公元前484年—前425年），古希腊第一个著名史学家，西方史学的奠基人，被人们尊称为"历史之父"。他出生于小亚细亚南海滨的哈利卡那苏城的一个名门望族。他的父亲是一个巨富的奴隶主，叔父是本地一位著名诗人。希罗多德从小勤奋刻苦，酷爱史诗。约公元前461年，在哈卡利那苏城发生的一次内战中，他叔父被本城僭主吕格达米斯杀害，希罗多德全家受株连，被迫移居萨摩斯岛，并且开始长期漫游，其足迹东至巴比伦，西至意大利南部，北到黑海北岸，南到埃及最南端。在此期间，他访查传闻逸事，凭吊历史遗迹，了解风土人情，收集了大量资料，为以后写《历史》作了准备。公元前447年，他来到雅典，结识伯里克利和索福克利斯等学者，成为伯里克利小圈子里的人物。希罗多德对波斯希腊战争中希腊诸城邦打败波斯侵略的英雄业绩十分钦佩，收集了许多有关史料，在伯里克利和友人们的鼓励和支持下，他决心写一部完整叙述希波战争的历史著作。公元前443年，他迁居意大利南部的图利瓮城邦，开始专心写作《历史》。可惜《历史》没有最终完稿，希罗多德便于公元前425年离开了人间。希罗多德明确地划出了史前历史与古代历史的分界线。他对历史学的贡献，在古代世界是无人可比拟的，他综括一切的能力也是后人难以望其项背的。他一生除了写作《历史》外，还写了《亚述人故事》，但已失传。

↑雅典娜女神头像

她头戴羽盔，身披缠着蛇的斗篷。在荷马史诗《伊利亚特》中，雅典娜作为女战神激励希腊英雄战斗，主神宙斯也把作战事务委托给战神雅典娜。

::内容提要

《希腊波斯战争史》常称为《历史》，共九卷，按内容基本上可以分为两大部分，第一部分是序文，叙述了黑海北岸的西徐亚人、希腊城邦及波斯帝国的历史、地理、民族和风俗习惯，导引出东西双方冲突的起源，并记述了希腊波斯战争爆发的历史背景。第二部分是主要部分，集中叙述希波战争的经过和结果，从公元前549年小亚细亚的爱奥尼亚人反波斯统治的起义写到公元前478年希腊人占领色雷斯的赛司托斯城。后来亚历山大里亚的注释家把全书分为九卷，还根据当时的惯例，用古希腊神话中掌管文学和艺术的九位缪斯女神的名字给各卷命名，所以这部书有时又被称为《缪斯书》。第一卷主要叙述波斯帝国的创立者居鲁士先后征服美地亚、小亚细亚地区的希腊城邦、新巴比伦王国，直到最后战死于中亚的经过。同时还详细地描述了小亚细亚、巴比伦尼亚、美地亚、波斯和西亚各地的历史、地理、居民和风俗。此外，还提到了当时雅典和斯巴达国内的情况。第二卷描写的是埃及，主要写埃及的历史兴衰、政治经济文化发展、金字塔等文物名胜。第三卷叙述冈比西斯征服埃及，伪斯美尔迪斯（高墨达）的短暂统治以及大流士夺得政权后的内外政策。此卷中首次提出了民主政治的优点之一是"在法律面前人人平等"。第四卷叙述大流士攻克巴比伦之后，亲自率军征伐斯奇提亚人，但是遭到惨败，回师时又派兵征服色雷斯和利

名家汇评

希罗多德对于史料可以说是毫无批判的一概接受。
——修昔底德

希罗多德是伟大的"历史之父"。
——罗马的西塞罗

↑希波温泉关战役

公元前480年，希腊与波斯的一次交锋，英勇的希腊人仅300名士兵守关，杀死了波斯两万士兵，最终没有顶住强大的敌人。

比亚（北非）。此卷中还介绍了斯奇提亚人的情况和利比亚的风土人情。第五卷主要叙述大流士的主将美迦巴佐斯于公元前499年至前494年率军政府领导的色雷斯以及米利都等伊奥尼亚城邦的历史。第六卷开头继续叙述波斯调动一支庞大的海、陆军进攻米利都以及伊奥尼亚人。此卷主要描绘了大流士派兵侵犯希腊和雅典人的马拉松之战的情况。第七卷主要叙述第二次希波战争时，波斯王克尔谢斯亲率大军远征希腊，在铁尔摩披莱与希腊人激战的情景。第八卷主要叙述阿尔铁米西昂战役和撒拉米斯海战。第九卷主要叙述希腊人在普拉提那陆地战役和米卡列海角战役中的胜利。

《希腊波斯战争史》一书内容丰富，非常生动地叙述了西亚、北非以及希腊等地区的地理环境、民族分布、经济生活、政治制度、历史往事、风土人情、宗教信仰、名胜古迹等，宛如古代社会一部小型"百科全书"。书中不仅着重叙述了希波战争的史实，而且把范围扩展到当时作者所了解的希腊及其周边世界。

↑胜利女神像

古希腊人认为胜利女神是他们的幸运之神，因此即使是面对强大的波斯帝国，他们仍坚信会取得最终的胜利。

::作品评价

《希腊波斯战争史》是人类历史上第一部具有世界性的通史著作，是第一部用历史叙述体写成的历史著作。此书构思宽广，主题是希波战争，但实际上包括当时希腊人所知道的整个世界的历史，叙述巧妙，引人入胜。全书以希波战争为骨架，嵌入细致的情节和一些动人的故事，而且史料丰富，不仅有大量的政治、经济、法律、历史文献和许多传说、神话、宗教材料，还有丰富的遗物古迹、现实材料和各种民族学、人类学以及农学、医学和地质学的资料。希罗多德创立的以史实为中心的记叙体成为后来欧洲历史著作的正规体裁。

开创了狭隘政治军事史的创作体例

伯罗奔尼撒战争史

古希腊／修昔底德

■作者介绍

修昔底德（Thucydides，约公元前460年—公元前396年）是古希腊伟大的历史学家。他生于雅典的一个显贵家庭，父亲名叫奥罗拉斯，在色雷斯沿海地区拥有金矿开采权。修昔底德青少年时代是在雅典度过的，受过良好的教育。当时已值雅典城邦政治和文化全盛时期，他对伯里克利的政治演说、三大悲剧作家的戏剧、希罗多德的历史著作、智者学派的哲学都有所了解。在古希腊哲学、逻辑学、修辞学、雄辩术和文学思想的影响下，修昔底德具有比较成熟的史学思想和修史方法。在伯罗奔尼撒战争前期，公元前424年被选为雅典十大将军之一，率舰队游弋于色雷斯沿岸一带抵抗斯巴达。同年冬，斯巴达进攻色雷斯的安菲波利斯，修昔底德率舰队救援不及，城陷敌手，因此，他以援救不力的罪名被控告并遭放逐。此后他在色雷斯流居20年，来往于色雷斯和伯罗奔尼撒之间，搜集有关这次战争的第一手材料。战争结束后，他于公元前403年回到雅典继续修订他的著作。修昔底德去世的确切年代无法断定，可能是在公元前399年至前396年之间，不会晚于公元前396年，因为公元前395年厄特那火山爆发，公元前393年科浓重修雅典城墙，他都没有记载。他留下的著作，存有来不及修补的痕迹，并且他所写的最后一个句子是不完整的，表明修昔底德是猝然死亡的。

↑修昔底德头像

背景提示

当时雅典正处于城邦政治、经济和文化的全盛时期。雅典自组成海上同盟后逐步加强对同盟国的控制，把同盟国降于附庸地位。公元前454年同盟的金库犹提洛岛移往雅典，同盟贡金的用途由雅典公民大会决定。公元前449年希波战争结束，雅典不但不解散海上同盟，反而利用它发展海上霸权，这便和另一个企图称霸全希腊的城邦斯巴达发生了日益尖锐的矛盾。以斯巴达为首结成的伯罗奔尼撒同盟同以雅典为首的提洛同盟形成两大敌对阵营，两者之间矛盾激化，导致"伯罗奔尼撒战争"爆发。

::内容提要

　　《伯罗奔尼撒战争史》以伯罗奔尼撒战争为主题，按年代顺序记叙了战争。现在流行的版本，共分八卷，其内容可以分为五个部分。

　　第一部分即第一卷，是绪论，共11章。其中第一章是序言，说明早期希腊的历史及作者著作历史的方法和目的。在第一章中作者考察远古直到他生活的那个时代为止的希腊历史时，曾明确指出："过去的时代，无论在战争方面，或在其他方面，都不是伟大的时代。"这反映出修昔底德具有历史进化论思想的萌芽。第二章至第

经典摘录

● 过去的时代，无论在战争方面，或在其他方面，都不是伟大的时代。
● 人是第一重要的，其他一切都是人的劳动的后果。

名家汇评

达到历史著作的顶点；真正的历史学是从修昔底德的著作开始的。

世界上第一位具有批判精神和求实态度的史学家；科学和批判历史著作的奠基者。

读修昔底德的著作，令人感到新鲜。
　　　　　　——马克思致考茨基的信

↑伯罗奔尼撒战争绘画　公元前 5 世纪
充满神话意味的战斗场面，常是艺匠着力表现的题材。城邦间不休的战争，为希腊文明打上了一道深深的烙印。

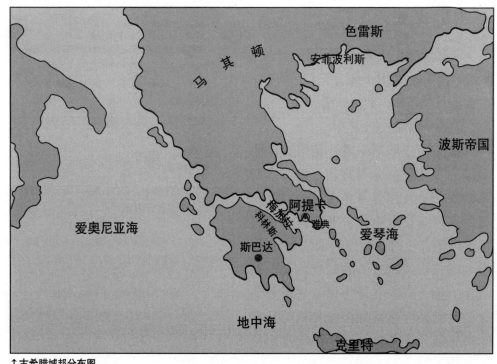

↑古希腊城邦分布图

战争几乎使所有的希腊城邦卷入其中，希腊城邦制由此衰落下去。

十一章说明这场战争的远因和近因。他在论述了雅典与伯罗奔尼撒同盟之间的矛盾的基础上，指出战争的原因是由于希波战争后雅典势力的增长引起斯巴达的恐惧和科林斯等城邦的不满。

↑希腊士兵

第二部分是第二卷至第五卷第二章，叙述公元前431年至公元前421年的10年战争的情况。第二卷由10章组成。第一章叙述第比斯人进攻普拉提亚，伯罗奔尼撒战争开始。第二章至第四章记述战争第一年的情况，主要描写伯罗奔尼撒人第一次侵入亚狄迦受挫情况——第五章至第七章记述第二年战争情况，伯罗奔尼撒人第二次侵入亚狄迦。第八章至第十章记述战争第三年情况——伯罗奔尼撒人又围攻普拉提亚。第三卷由8章组成。第一章记述战争第四年的情况，第二章至第六章开头部分记述第五年的情况。第六章至第八章记述第六年的情况。第四卷由10章组成。第一章至第三章前半部分记述第七年的情况，第三章后半部分至第八章记述的是战争第八年的情况。第九章记述战争具体情况。第十章简述了战争第九年的情况。第五卷由 7 章组成。第一、第二章记述第十年战况及订立尼西阿斯和约的情况。

第三部分包括第五卷第三章至第七章。记述订立尼阿斯和约至西西里远征之间五年半的历史。

第四部分包括第六、第七两卷。记载公元前 415 年至前 413 年间雅典人的西西里远征及其全军覆没的情况。第六卷由 9 章组成，即在战争的第十七年雅典人的第一次远征西西里的情况。第七卷由 7 章组成，记载战争的第十八年雅典人的第二次西西里远征全军覆没的情况。

第五部分即第八卷，由 8 章组成，记载战争的最后阶段最初两年间的历史，写到公元前 411 年冬季突然中断。

::作品评价

《伯罗奔尼撒战争史》作为西方古典史学名著，开创了狭隘政治军事史的体例。修昔底德对史料采取科学的处理原则，不是任何一则材料尽信之，而是考证真伪，对史实叙述采取冷静客观的态度，同时还采用人本主义史观，没有把超自然的力量看成是决定人类命运的神秘力量。在书中还体现了历史进化论思想的萌芽，这在西方史学著作中尚属首次。由于时代局限，无法说明历史的终极原因，同时推崇英雄史观，夸大个人的作用，对历史因果性理解狭隘，《伯罗奔尼撒战争史》开创了狭隘政治军事史的体例。

> **相关链接**
>
> 《罗马帝国衰亡史》是英国 18 世纪杰出的史学家爱德华·吉本的代表作，此书共 6 卷，71 章。在这一史著中，"罗马帝国衰亡"的概念贯穿了自公元 2 世纪到 16 世纪罗马以至欧洲的重大史事。前三章是全书的开篇，将公元 98 年到 180 年罗马帝国历史上的事件，进行了简要的概括。从第四章开始，以 180 年为开端，按照时间顺序详细叙述了罗马帝国的衰亡史。此书可以与希罗多德、修昔底德等人的名著相媲美。

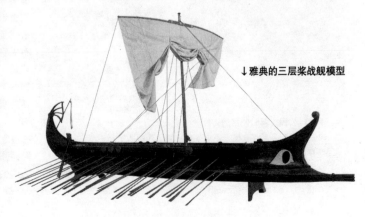

↓雅典的三层桨战舰模型

古希腊文化的最高代表

理想国

古希腊／柏拉图

■作者介绍

　　柏拉图（Plato，公元前427年—公元前347年）是古希腊最重要的唯心主义哲学家，是苏格拉底的学生，亚里士多德的老师。他一生大部分时间居住在古希腊民族文化中心的雅典。他热爱祖国，热爱哲学。他的最高理想是哲学家应为政治家，政治家应为哲学家。哲学家不是躲在象牙塔里的书呆子，应该学以致用，求诸实践。他出身于雅典一个大贵族家庭——克德里达家族，原名亚里士多克勒，据说因为他额头很宽，肩也很宽，所以得了个绰号叫"柏拉图"（就是"宽阔"的意思），后来人们就这样称呼他了。柏拉图早年在数学和文学方面受过很好的教育，曾经学习写诗，创作过悲剧。在他20岁时，被父亲送到苏格拉底那里受教，先后跟随苏格拉底学习8年，直到公元前399年苏格拉底被处死才离开雅典，旅居麦加拉和意大利南部等地区，40岁时返回雅典。这时希腊世界日趋没落。柏拉图买了一块园地，在那里建立学园。由于"园地"地处纪念希腊英雄阿加德穆斯（Academus）的圣殿附近，因此他的学园就取名"阿加得穆"（Academy）。柏拉图一面讲学，一面从事著述，前后长达41年之久，公元前347年逝世于一个婚礼的筵席上。在西方古代哲学家中，柏拉图是第一个留有大量著作的哲学家，其中有对话35篇，书信13封，但有不少是伪作，如书信大多均属此类；至于各篇对话之真伪，考证出入甚大，不过也有一些是没有多少分歧的，如《苏格拉底的辩护》、《巴门尼德篇》、《泰阿泰德》、《美诺篇》、《法律篇》、《理想国》等。

↑雅典公民投票时使用的陶片

陶片上刻有将要被放逐（逐出雅典）的公民的名字。公元前5世纪，雅典为限制个人权力而滥用陶片放逐制度，表现出公元前5世纪时，雅典城公民已有了民主的投票权。

::内容提要

《理想国》以对话形式写成，共分10卷，基本上包括三个部分。第一部分：第一卷到第五卷，主要是论述理想国的具体组织；讨论正义、教育、道德、理念等问题。其中在第一卷中提出贯穿全书的两个问题，即什么是公正；公正是否优于不公正。第二部分：第六卷和第七卷，主要是论述与政治学相对的纯粹哲学问题，即论述统治者必须是哲学家，从而给哲学家下定义。第三部分：第八卷到第十卷，主要是对各种实际存在的政治体制及其优缺点的讨论。

为了实现公正，柏拉图在《理想国》中设计了一个真、善、美相统一的政体。他认为，国家就是个人的放大，而个人就是国家的缩小。在他看来，人的灵魂有三种：理性、意志和性欲；与之相适应的有智慧、勇敢和节制三种道德。如果这三个部分协调一致，就体现了人的第四种道德：正义。一个国家也是如此，统治者、卫士和群众这三个阶层各有自己的职能，各

↑希腊战士雕像
武士在柏拉图等级秩序中排在第二位，是用银子做的。

名家汇评

西方哲学家们将《理想国》誉为"他那个时代文化的最高代表"，"代表着那个时代的最佳世俗思想"。

相关链接

柏拉图不但写了《理想国》，还写了《政治家》、《法律》篇。《政治家》叙述在一个城邦里可能存在着不同政治组织，而可能有的政治组织的性质由统治者的人数和他们的统治方法来决定，其中每种政治是按法律或不按法律发挥作用。如果没有法治，政权在众人手里为害较小，如果有法治，民主政治是最坏的政体。在《法律》篇中，柏拉图认为"哲学王"好像找不到，比较好的方式是在法治下，把君主政治和民主政治结合，并对这种制度如何组织，以及官吏如何推选作了详细地说明。

↑正在穿护腿铠甲的士兵
表现青年为战争做准备。

具自己的德行。如果这三个阶层安守己位，各司其职，则国家就达到了和谐和公正，社会处于最佳状态，即是至善。

柏拉图还用宗教神话来论证等级秩序的永恒性。他说神用不同的东西造出不同的等级：统治者是用金子做的，武士是用银子做的，农夫和手工业者是用铜和铁做的。他极力反对雅典的奴隶主民主制，他的理想国是斯巴达式的贵族专政制度。

柏拉图还详细地分析了他所处时代的四种不完善的政体。一是斯巴达和克里特政体，重军事、重勇气、重纪律、重献身，但失去了哲学精神的光辉；二是寡头政体，重财富、轻美德，少数有钱人掌权，统治者唯利是图；三是民主政体，重自由、重公民的发言权、选举权和表决权，否认统治者的知识和品质；四是僭主政体，对内镇压，对外战争，是暴政。

柏拉图认为，最适合的政体是既非君主政体、又非民主政体的混合政体。在这种国家中，应实行财产公有，共妻共子，男女平等。因为财产私有引起了国家分裂和党派之争，只有劳动者为了生产才允许有一定的个人财产。

通过一系列的分析，柏拉图认为建立理想国的关键在于让把握了善的哲学家成为国家之王，或国王成了哲学家。所以他在这里用大量的篇幅，讨论了他的"理念论"，提出了一系列后来被认为是柏拉图哲学所不可缺少的组成部分的内容。在他看来，停留于不真实的感官世界只能得到意见，认识了理念才是知识。唯有借助于辩证法领略到理念世界光辉的哲学家，才能仰观俯察，荡垢

经典摘录

● 理念是具体事物的原型，而具体事物则是理念的影子或摹本；理念是永恒不变的最真实的存在，而具体事物则仅仅分有理念，是变化无常、不真实的东西。

● 固然知识和真理很美，而"善"这个概念更加美。……应该说，知识与真理和"善"相似，但是如果说知识和真理就是"善"就错了，因为"善"比知识和真理更加崇高。

● 我们记得城邦的正义在于三个等级各司其职，各安其位。

↑表现希腊音乐教育的陶画
柏拉图在《理想国》中强调了教育的重要作用，他指出青年人都应受到良好的素质教育，包括音乐、体育等方面。

涤瑕，将社会和人生引向至善至美的境界。

《理想国》是一部综合性的著作，书中讨论到优生学问题、节育问题、家庭解体问题、婚姻自由问题、独身问题、专政问题、独裁问题、共产问题、民主问题、宗教问题、道德问题、文艺问题、教育问题（包括托儿所、幼儿园、小学、中学、大学研究院以及工、农、航海、医学等职业教育）加上男女平权、男女参政、男女参军等等问题。

背景提示

柏拉图生于雅典城邦衰落的时期，那时疫疠盛行，大政治家伯利克里染疾去世后，群龙无首，伯罗奔尼撒战争爆发，危机四伏。战争后的雅典奴隶制每况愈下，陷入了严重的政治危机。这种危机一方面表现为奴隶和奴隶主之间的阶级斗争更加尖锐，另一方面表现为统治阶级的斗争，即奴隶主民主派与奴隶主贵族派争夺政权的斗争。柏拉图坚决地站在贵族派的立场上反对民主政体，反对普通的自由民参政，极力主张由奴隶主贵族上层来把持国家机器。因而柏拉图为了巩固奴隶主贵族的统治而设计了理想国。

::作品评价

《理想国》是第一部系统地论述政治哲学的著作，也是西方思想史第一部乌托邦著作，近代莫尔的《乌托邦》、康帕内拉的《太阳城》以及空想社会主义的理想的政治学说都曾受到《理想国》的洗礼。西方学术界常把柏拉图与圣西门、傅立叶等人相提并论。

古希腊美学的奠基之作

文艺对话集

古希腊／柏拉图

::内容提要

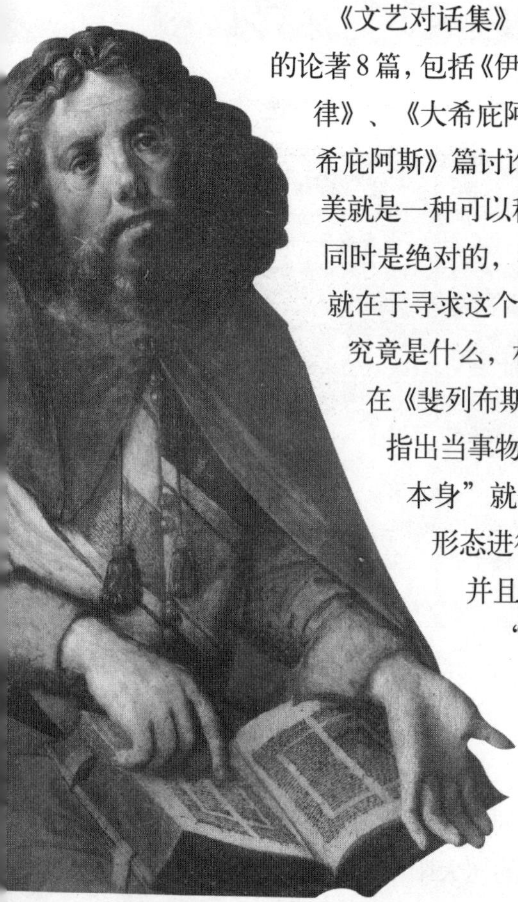

《文艺对话集》是柏拉图有关文艺的言论合集，共收录柏拉图的论著8篇，包括《伊安》、《理想国》、《斐德若》、《斐列布斯》、《法律》、《大希庇阿斯》、《普罗塔哥拉》、《会饮》。其中《大希庇阿斯》篇讨论什么是美，也就是定义"美"。柏拉图认为，美就是一种可以称为"美本身"的东西，美本身先于美的事物，同时是绝对的，没有任何时间和空间的限制，美学的根本任务就在于寻求这个超越一切美的事物的"美本身"。但"美本身"究竟是什么，柏拉图也没找到，最后只能慨叹"美是难的"。在《斐列布斯》篇里，柏拉图对"美本身"的认识有所发展，指出当事物"分有"了"美本身"时便是美的，那么，"美本身"就是美的理念了。在《会饮》篇中对现实的美的形态进行了类别和等级划分，即分为感性美和理性美，并且理性美中的心灵美是更高级的，但最高级的是"美本身"。《理想国》篇论文艺的摹仿和作用，但他的摹仿论与古希腊的传统看法不同，认为艺术是现实的摹仿，现实又是对理念的摹仿。《伊安》篇论灵感，认为诗人有了灵感就会"失去平常理智而陷入迷狂"，同时认为诗人的迷狂是一种"心灵的迷狂"，迷狂可以分为四种：预感的、宗教的、诗歌的、爱情的。在论述诗歌创作的迷狂时，柏拉图极力

↑柏拉图画像
希腊美学的真正奠基人，他的美学思想对后世产生深远影响。

强调迷狂的重要性，认为有了这种迷狂，就可以"感发"心灵，"引入"到兴高采烈神飞色舞的境界，创做出优秀的诗篇。进而在《斐德若》篇论述了灵魂在迷狂状态中对于美的理念的回忆和追求。《斐列布斯》篇论观看悲剧和喜剧时痛感和快感的混合，《法律》篇论诗歌应当由"法律的守护人"来监督和批准。

《文艺对话集》中关于文艺和美学的主要观点如下：1. 柏拉图认为美的事物之所以显得美，是因为先有了美的"理念"，只有美的理念才是美的本身。美的本质在于永恒的、绝对的"理念"。理性世界、现实感性世界、艺术世界构成现

↓春　意大利　波提切利
柏拉图提出心灵美与身体美的和谐和一致是最美境界，最美的即是最可爱的。他认为好的艺术家应写出自然优美之处"使我们的青年像住在风和日暖的地带一样，四周一切都有益健康，天天耳濡目染于优美作品……"这幅《春》所传达的正是这样一种美。

↑维纳斯的诞生　约1485年　波提切利
全裸的维纳斯从海中贝壳里升起。据说她是宙斯和大海女神之一狄俄涅的女儿。维纳斯的美具有全希腊的意义。

存的世界，其中艺术世界模仿感性世界，感性世界依存于理性世界，而理性世界是第一性的。2. 关于审美。他认为感觉只能认识事物，理性才能达到"理式"美，因而提出了审美"回忆说"。审美是对"美的理念"的"彻悟"，是灵感在迷狂状态中对"美的理念"的回忆，而不局限于感觉。3. 艺术的本质在于模仿现实，而现实是理念的影子，艺术则是"影子的影子"。他否定客观世界的真实性，从而否定艺术的真实性，认为艺术低于现实。4. 提出了创作灵感说。认为灵感是受到神的诏谕而产生的一种心灵迷狂，没有灵感，就没有诗。5. 将艺术的社会效用看作评价艺术的重要标准。因此艺术不能模仿罪恶，只能把真、善、美的东西写进读者的心灵，以期对国家和人发生效用。

::作品评价

　　柏拉图的文艺美学观点影响深远，普罗提诺从他的观点出发，建立了新柏拉图主义，到了中世纪进一步发展为基督教神学唯心主义。历代反动的统治阶级都利用柏拉图的观点来镇压进步的文艺。他的灵感论一直成为后世鼓吹天才论和唯心主义创作论的理论支柱。

世界第一部哲学教科书

形而上学

古希腊／亚里士多德

■作者介绍

　　亚里士多德（Aristotle，公元前384年—前322年）是古希腊著名的哲学家、思想家、法学家、政治学家、最渊博的学者。马克思称他是"古代最伟大的思想家"，恩格斯称他是"思想巨人"。亚里士多德出生于希腊北方色雷斯的斯塔吉拉城。父亲是马其顿王阿明塔的御医。亚里士多德早年丧父，在他的监护人普罗克塞那抚养下长大。他早年学习医学和自然科学，17岁时赴雅典，进入柏拉图学园学习，后来兼任教师工作。公元前348年，应马其顿王腓力二世之召，任王子亚历山大的教师。公元前335年，他重回雅典，在城东郊一个名叫吕克昂的体育场开办学园，经常在阿波罗太阳神庙的林荫小道上一边散步，一边向弟子们讲学论道，因而有人称亚里士多德学园为"逍遥学派"。公元前323年，亚历山大在远征途中染病身亡，雅典发生了反马其顿运动，亚里士多德也受株连，被控"亵神罪"，成为政治打击的对象，因此他不得不把学园交给弟子主持，逃离雅典，前往伏比亚岛上的阿尔西斯避难，并于次年病逝，终年63岁。亚里士多德一生著述繁多，但历经战火，流传下来的大约占四分之一。多数研究者一般把亚里士多德的现存著作分为五大部分：一、自然科学，主要有《天文学》、《气象学》、《植物学》、《动物学》、《论灵魂》等；二、哲学，主要有《形而上学》、《物理学》等；三、政治伦理学，主要有《尼各马可伦理学》、《政治学》等；四、美学，主要有《诗学》、《修辞学》等；五、逻辑学，主要有《工具论》等。亚里士多德的著作内容丰富，思想深刻，言简意赅，是西方公认的各门学科的必读书，长期具有法典的权威。

↑亚里士多德头像

::内容提要

　　形而上学的研究是亚里士多德创造的，其功能和内容，既非信仰，亦非某些主题的统一意见。《形而上学》阐发了一种学说，有时称为智慧，有时称为"第

────────────── 背景提示 ──────────────

　　希腊城邦在马其顿的统治下，不但社会敌对阶级之间的矛盾进一步地加深，而且自由民贫富两极分化的速度也加快了。各城邦中有越来越多的自由民对大奴隶主的统治日益不满，对参与城邦政治生活的热情也越来越低。与激烈的社会冲突、阶级冲突相适应，希腊城邦的思想界也发生了激烈的哲学和意识形态冲突，唯物论和唯心论的斗争不断深化。

一哲学"。其任务是描述实在的最普遍、最抽象的特征，以及普遍有效的原则。亚里士多德有一段著名的论述，将形而上学的对象描写为"作为存在的存在"。意思是，存在物之为存在的一切，都是形而上学研究的对象，形而上学研究一切存在物必须满足的一般条件。

　　第一卷，预备性的讨论了因果解释问题。他考察前人的各种解释形式，发现自己的"四因"说揭示了他们一直追求的真理。此番论述是苏格拉底以前的哲学乃至柏拉图哲学的主要资料来源。

　　第二卷简明地讨论了科学原理。第三卷提出了许多形而上学的难题。初步讨论这些难题：其绝大部分在形而上学后几卷中详细阐述。

　　第四卷阐释亚里士多德的"第一哲学"概念，即对存在条件的一般研究，包括矛盾律（不能既是 p 又是非 p）和排中律（或者 p，或者非 p）。

↑雅典学园（局部）　意大利　拉斐尔
此壁画是拉斐尔为梵蒂冈教皇宫殿所绘。图中柏拉图和亚里士多德师徒正在现代建筑的环境中进行哲学讨论，拉斐尔想说明柏拉图思想不断发展的历史延续性。

第五卷有时称作亚里士多德的哲学辞典。致力于解释一些模糊的哲学术语；亚里士多德对大约 40 个关键词的用法，进行了分析和甄别。第六卷返回第四卷讨论的问题。

第七卷至第九卷是一个整体。是亚里士多德最晦涩的作品，无法概括。提出了这样的问题：什么是实体？世界，即独立存在、可认识、可定义的万事万物，

其基本成分是什么？亚里士多德的讨论相当曲折。涉及质料和形式、实体和本质、变化和发生、现实和潜能等观念。亚里士多德的结论似乎是，实体在某种意义上是形式。并不是柏拉图式的抽象概念，而是具体的特殊形式。它们是用这类短语称谓的事物："这个人"、"那匹马"，或"这棵橡树"。

第十卷是独立论文，论"一"，即讨论整体、连续、同一以及相关概念。第

分类	篇名	内容简介
逻辑学著作	范畴篇	主要区分复合陈述及简单项，探讨范畴概念体系。
	解释篇	主本讨论句子的简单成分及逻辑关系。
	前分析篇	主要阐发逻辑体系——三段论。
	后分析篇	试图将逻辑理论用于科学和认识论中。
	论题篇	供论战的人使用，提供一般的逻辑规律。
	诡异的驳难	揭露种种貌似真实、实则虚妄的推理形式。
自然哲学著作	物理学	探讨一般的自然物体或一切有形体的东西。
	动物志	运用《物理学》的原理研究生物和动物。
心理学著作	论灵魂	透过感觉和理智原则，探讨主动原则与被动连续体关系。
	自然小品	主要研究记忆、回忆、睡眠、清醒、梦兆等的短文集。
形而上学著作	形而上学	主要描述实在的最普遍、最抽象的特征，以及普遍有效的原则。
伦理学和政治学著作	尼各马可伦理学	主要考察了幸福概念及各种善，将最高的善和幸福统一。
	政治学	讨论人类的活动和交往问题，主要涉及以幸福为核心的公共生活目的。
艺术和修辞学著作	诗学	主要分析了诗，仔细剥离了诗的特性，他把诗与历史相比较，指出诗比历史更有哲学味因而具有更大的价值。

相关链接

　　康德的《未来形而上学导论》原名《任何一种能够作为科学出现的未来形而上学导论》，它是作为《纯粹理性批判》的节缩本。全书包括三个方面的内容："导言"、"前言"和"《导论》的总问题"构成了全书的第一部分，起了全书绪论的作用；"先验的主要问题"包括第一、二、三编和结论，是第二部分，主要简述了《纯粹理性批判》一书的基本线索和内容；最后一部分是"总问题的解决"和"附录"，总结和印证了全书的题旨。此书的宗旨就是打破古老的、陈旧的思想方式，把人们从形而上学独断论和怀疑论中解放出来，引向"严谨思维基础"上的科学大道，为未来的科学的形而上学的建立奠定理论基础。

十一卷简单概括了《物理学》和《形而上学》前几部分，通常认为是伪作。

　　第十二卷阐释亚里士德的"神学"。他问道，必须设定多少原因才能解释世界，最终获得神的概念。不过亚里士多德的神，不是对现世感兴趣的人格神，而是纯理智的，对现世盛衰漠不关心的。另外，第一推动者不是暂时意义的。它不是世界的创造者，而是一切运动的源泉。实际上，亚里士多德认为，世界根本不是创造的，而是从来就有的。就此而言，第一推动者是世界万物的终极原因。

　　最后，第十三卷和第十四卷，长篇讨论数学对象的性质，绝大部分内容是批判柏拉图的。

::作品评价

　　《形而上学》是对泰勒斯以来的古希腊哲学发展的历史性总结，是一部划时代的巨著，它被誉为世界第一部哲学教科书。它创立了以本体论、四因论、潜能和现实为中心的哲学体系。亚里士多德哲学既标志着一个哲学开端，也标志着一个历史性终结。对于中世纪经院哲学和阿拉伯哲学来说，亚里士多德意味着人类知识的总和。在教会神学中，《形而上学》和亚里士多德的著作的绝对权威仅次于《圣经》。

↑仔细观察事实

亚里士多德最伟大的贡献，也涉及生物学和生理学。他的这些理论同样建立在细致观察事实的基础之上。这幅4世纪的壁画，被认为是他带着学生在上解剖课。

开创了西方传统政治学体系

政治学

古希腊／亚里士多德

::内容提要

　　《政治学》以卷和章为体，分八卷，113 章，共 38 万字。第一卷，主要讨论了家庭和城邦国家的起源。亚氏先从说明人类社会组织入手，说明人类的社会团体的目的是善，而政治性的社会团体的目的在于最高尚的善，其次，追溯城邦的起源，城邦先于家庭，先于个人，并且高于一切；第三，详细论述家庭生活的诸要素。家庭的组成与主仆、夫妇和父子三伦，家务主要在于治产。治家依靠工具，而家务工具有两类：一为有生命工具，一为无生命工具。家庭关系中夫妇和父子至为重要，国家如同家庭，夫妇关系类似政治家统治自由民，父子关系类似君主统治臣民。家务重在培养道德，其目的在

↑亚里士多德头像

善。第二卷，讨论理想的城邦和好的城邦。首先评论柏拉图的理想城邦，其次评论了法勒亚的法制；再次评论希朴达摩的法制。在对各种理想城邦进行评论之后，亚里士多德开始对现实世界的城邦展开讨论。他第一个论及的是斯巴达城邦的政体，第二个论及的是克里特政体，第三个论及的是迦太基政体，最后他对

> **背景提示**
>
> 　　希腊城邦在马其顿的统治下，唯物论和唯心论的斗争不断深化。在政治上，亚里士多德作为奴隶主集团的代言人，提出建立由中产阶级为基础的共和政体，以调和社会矛盾，挽救处于瓦解中的奴隶主城邦国家。

雅典政治家梭伦大加赞叹，认为梭伦怀有民主抱负，完成一代新政而又能保全道德，不弃优良传统。第三卷，关于公民和政体理论。首先是讨论公民问题。政治权利是公民资格的真正条件，而居住权和诉讼权或者血统都不足以构成公民身份。在理想城邦中，好公民不必都是善人。但在政治体制为轮流执政的城邦中，公民必须兼有统治者和被统治者的品德，好公民就同于善人。其次，对政体依据设立的宗旨和政权的形态而加以分类，正宗政体可分为君主制、贵族制或共和制三种政体；变态政体可分为僭主、寡头和平民政体三种。亚氏还论述了关于寡头和平民政体建制的原则，着重论述了君主制。第四卷，关于现实政体的类别。除君主制和贵族制外，共和制和变态的平民、僭主和寡头制四类型是讨论的主要内容，通过分析来说明它们各自适合于什么样的公民团体，以及各种政体如何建立又如何毁灭，如何维护和保全。第五卷，关于政变和革命。城邦一般

↓城市中好政府的作用

在《政治学》中，亚里士多德勾勒了哲学与政治的关系，即城邦的最高目的是确保一些人能够有条件过哲学生活。不过，这种生活只有希腊人才能享受。

都是以正义与平等观念为原则建立，城邦内有不同观念的部分会试图推翻这种政体，这是引起政变和革命的一般原因。政变的三要素：一般心理状态、变革者的企图以及事变发生的动机。平民政体常常因群众领袖所持劫富政策而引起变革，或激成富人政变，或群众领袖乘机自立为僭主。寡头政体的变革常常由于政府不善待民众，或统治集团内讧。在贵族政体中，如果统治集团的门户过于狭隘，常常引起变动和内讧。第六卷，建立较为稳定的平民和寡头政体的方法。平民政体由性质不同的人民和不同的职司机关组合而成，平民政体以自由为宗旨，对于政事应由人民轮流参加。军事机关对

↑《政治学》插页

《政治学》中，亚里士多德讲授的内容包涵对青少年的教育，诸如史学、军事、艺术、宗教等项目。

寡头政治的影响特别大。一般政体都应慎重建立各种职能部门。第七卷，政治理想和教育原则。世上有三善：身外之善、身体之善、灵魂之善。幸福在于灵魂诸善。城邦与个人相同，行善才快乐。幸福是善的极致和完全实现。欲达到幸福，

相关链接

哈罗德·D.拉斯韦尔的《政治学：谁得到什么？何时和如何得到？》是美国政治学行为主义学派的一部早期代表性著作。全书分为4篇，共10章，约12万字。第一章《精英》为第一篇，阐明拉斯韦尔所主张的新的研究方法，可以理解为全书的导言。第二篇《方法》由第二至五章构成，结合历史和现实分别具体分析了精英是如何使用象征、暴力、物资和实际措施等方法获取和维护自己的特殊利益的。第三篇《结果》由第六至九章构成，分析了各种精英人物在技能、阶级人格和态度等方面的不同特点，以及在这些方面具有不同的精英之间价值如何分配，并根据这些特点对精英人物进行了分类。第四篇《概论》由第十章构成，是全书的总结，指出要对权势人物做出令人满意的分析，就不能使用某个单一的标准，不同的政治分析方法采用不同的标准会得出不同结果。

←梭伦头像
梭伦（约公元前630—前560）雅典政治家（"七贤人"之一）。
他结束了贵族对政府的独占统治并代之以一套由富人统治的制度；
他还制订了一部新的较为人道的法典。梭伦体现了希腊最高的美
德——适度。他是雅典的第一个诗人并且是真正属于雅典的一个
诗人。诗歌是他用来警告、激励和劝告人民并敦促他们采取行动
的媒介，因此也就是他从政的工具。

一个城邦和其中的公民须有健康的身体、适
当的财富和生活条件。在具备幸福条件的城
邦中，立法者可以运用其智慧引导公民行善。
习惯和理性必经培养才能发展，所以治国者
应重视教育。第八卷，关于教育和训练青年。
城邦应有统一的教育制度，每个公民受同样
教育。教育初期，先施体操，同时施以音乐。
音乐教育有三题：课程制定、乐调和韵律选择、
乐器的选择。

::作品评价

《政治学》一书开创了西方传统政治学
体系，使政治学在体系上从哲学、伦理学中
分离出来，成为一门独立学科。亚氏在《政
治学》中阐述的理论和方法，在西方乃至世
界政治法律思想史上占有重要的地位。这种
研究方法为后来的许多思想家和研究者所效
仿。《政治学》中的许多政治主张，尤其是
关于政体的分类理论，对后世影响极大，西
方思想家都直接或间接沿用亚里士多德的政
体理论。

↑亚里士多德与亚历山大
哲学家亚里士多德正在辅导他的学生、天才少
年亚历山大大帝。

扫码获取更多资源

世界第一部系统探讨伦理问题的专著

尼各马可伦理学

古希腊／亚里士多德

::内容提要

《尼各马可伦理学》是亚里士多德三部伦理学论著中最重要的，他可谓西方哲学史中第一部影响巨大的伦理学专著。作为讲义，它成书于约公元前330年左右。

> **经典摘录**
>
> ● 至善即是幸福。
> ● 明智的人追求的是无痛苦而不是快乐。
> ● 从小养成这样或那样的习惯不是件小事，相反，非常重要，比一切都重要。

全书共有10卷，各卷分9至14节不等。其一级论题依次是：幸福、伦理道德、正义、理智德行、自制、友谊、快乐。其中有些二级论题和三级论题或本身过于琐细或被论说得过于琐细。限于篇幅，本文仅介绍《尼各马可伦理学》中的幸福论、德行和正义论。

《尼各马可伦理学》第一卷的主题是幸福，包括幸福的本质、幸福与外在善的关系、幸福的由来、机遇对幸福的影响等。在进入主题之前，亚里士多德论说技艺的目的、政治学的对象、地位、目的和意义等。亚氏批判了关于幸福本质的诸种说法之后，提出了自己的见解。首先他指出幸福的两个特点：幸福是终极和自足的。终极性指幸福是一切行动的最后目的，人们总是因其自身而绝非为了其他东西选择它。自足性指幸福仅凭其自身就足以使生活有价值且无匮乏。接着他谈论了人与善、人与人的功能的关系，从而得出结论：幸福就是合乎德行的心灵

背景提示

亚里士多德生活在古希腊的两个历史时期即古典时期和希腊化时期的交合点，当时面临着深刻的社会危机，即希腊的奴隶占有制国家的危机，它动摇了古希腊旧的社会政治制度而导致各希腊城邦的灭亡，使它们先后为马其顿王国和罗马帝国所吞并。战争造成农民破产，阶级斗争极其尖锐化。

↑亚里士多德像

亚里士多德的知识体系博大精深，包含了绝大多数科学和多门艺术。他的工作涉及物理学、化学、生物学、动物学、植物学、心理学、政治学、伦理学、逻辑学、形而上学、历史、文学理论、修辞学等领域。

活动，当然并非心灵活动一旦合乎德行便可获得幸福，德行须终生践行。然后他将自己的幸福本质论置于各种幸福观中加以论说，认为合乎德行的活动所导致的快乐比其他快乐都更美好，更高尚，更令人快乐。而最美好、最高尚、最令人快乐的东西就是幸福。亚里士多德将善分为外在善、身体善和心灵善，并且心灵善是最充分的、最重要的善。心灵善就是幸福，但是幸福显然需要外在善辅佐。但他提醒人们虽然幸福需要外在善辅佐，但是这不成其为将外在好运视为幸福的理由。幸福可以来自神恩、机遇或努力，通过神恩获得的幸福当然是最好的，但这不属伦理学考察范围，通过机遇获得幸福坚决被

否定，因为将最伟大、最高尚的东西托付于机遇是最不恰当的。而通过学习和培养德行所获得的幸福虽非神之馈赠，但也是最神圣的东西，这表明努力是通达幸福之途。

《尼各马可伦理学》第二、三、四、六卷的主题是德行，包括德行的来源，伦理德性的本质、特点和主要类别，理智德行的基本类别和作用等。亚氏认为理智德行主要来自教导，因而需要经验和时间；伦理德性产生于习惯，他着重谈论的是伦理德性的来源。基于伦理活动对道德品质的决定影响，亚氏强调，一个人从小养成何种习惯是最最重要的事情。亚氏预告了它的伦理德行本质观，

名家汇评

假使一个人真想从事哲学工作，那就没有什么比讲述亚里士多德这件事更值得去做了。

——黑格尔

提出节制和勇敢等品质被过度和不及所破坏而为中道所保持，并以饮食和体训对健康的影响作类比，他认为人类心灵中出现三种状态：情感、潜能、品质，德行不是情感、潜能，而是品质。德行是中道，就是以适中为目的而言。但如此重要的中道并没有明确被解释。考察伦理德行的本质之后，亚氏分析了伦理德行诸特点中的两个：即自愿性和抉择性。德行和邪恶存在于自愿的行动，即

相关链接

亚氏的《物理学》共8卷66章，是论述自然及其运动的学说，书中也探讨了许多重要的哲学范畴。在这部著作中，亚氏对"自然"作了两种解释，论证了事物存在和变化的原因，阐述了关于事物产生的必然性和目的性的关系问题，详细地考察了事物的运动及其形式，同时详尽地讨论了时间与空间的问题。

行动的根源在行动者自身中，同时他知晓其行动所包含的各个因素。抉择是某种先行的思虑之结果，因为抉择总是包含着理性和思维，甚至其名称就指明它是先

↓幸福家庭

在《尼各马可伦理学》中，亚里士多德提出了自己对幸福的认识——幸福是终极和自足的。最美好、最高尚、最令人快乐的东西就是幸福。

↑亚里士多德的《物理学》，物理学学科的名称正是来源于这部著作的书名。

于事物而被选择。亚氏认为理智德行是一种关于认识对象的、以理性为工具的追求真理的心灵品质。最后亚氏强调理智德行本身就有价值，并且是有所创制的。第五卷中，亚氏考察了作为德行总体的正义。亚氏认为正义的规定是合法和公平，相对的，他对非义的规定是非法和不公。尽管亚氏为正义找到了两个规定，但他实际上将正义与合法等同。他概括了实行正义、实行非义和忍受非义三者的关系，接着他界定了正义：正义是一种中道，但不像其他德行那样，因为它关涉一种适中状态，而非义关涉两个极端，然后他界定了非义：非义则与非义的人的非义行动相关，非义行动是在分配好处或坏处时不合比例的过多和不足，因此非义就是过度和不及。亚氏将正义的领域分为分配和交往两个领域，论及分配正义与交往中的矫正正义和交换正义。分配正义是对他人的分配不公（过度）和对自我的分配不公（不及）之间的中道。这种中道的基本规定就是合乎比例的均等或几何的均等。矫正正义是交往双方中一方得利与另一方失利之间的中道。这种中道的基本规定是算术的均等。交换正义是被交换的两种东西的价值之间的中道，这种中道的基本规定是合乎比例的报偿。在社会正义、法律正义和经济正义之外，亚氏用短短两节的篇幅谈及了政治正义的范围、依据、类别、变异等。

::作品评价

《尼各马可伦理学》是亚里士多德三部伦理学著作中最具代表性的作品，思想完整，结构严密，他的伦理思想都反映在里面。《尼各马可伦理学》是第一部系统探讨伦理问题的著作，尽管它在某些方面沿着由苏格拉底开始、经过柏拉图系统化的理性道路前进，但从体系上看，它与柏拉图的伦理学说有很大的不同，建立了一个从人的本性及需要出发的伦理学体系。亚里士多德冲破传统，给后人留下了十分珍贵的思想财富。

希腊理智最完美的纪念碑

几何原本

古希腊／欧几里得

■作者介绍

欧几里得（Euclid，活动时期约为公元前300年）亚历山大学派前期的三大数学家之一。是希腊伟大的数学家，关于他的生平现在知道的很少。欧几里得早年在雅典的柏拉图学园受过教育，学习希腊古典数学和其他科学文化。由于雅典的衰落，数学界和其他科学一样处于低迷状态。公元前300年，欧几里得崭露头角，后来应统治埃及的托勒密国王的邀请客居亚力山大城，从事数学工作。他治学严谨、谦虚，是一位温良敦厚的数学教育家，他提倡在学习上刻苦钻研，弄懂弄通，反对投机取巧，急功近利。据普罗克洛斯在书中记载，托勒密王曾问欧几里得，有没有学习几何学的捷径。欧几里得回答说："在几何学里，没有专为国王铺设的大道。"斯托贝乌斯在书中记述了另一则有趣的故事，说一个学生才开始学第一个命题就问欧几里得学了几何之后将得到些什么，欧几里得给了他三个钱币，说他就能得到这点利益。由于在希腊后期失去了独立性，导致雅典的学术文化中心向日益昌盛的埃及都城——亚历山大城转移。此时此刻的欧几里得，以流亡者的心境旅居亚历山大，内心燃起一股热情，要将以雅典为代表的希腊数学成果，运用前人曾经部分地采用过的严密的逻辑方法重新编纂成书。惊世鸿著《几何原本》就是这样于公元前300年前后诞生了。欧几里得著有许多关于数学、物理、天文方面的著作，其中最伟大的著作就是流芳千古的《几何原本》。

↑欧几里得像

背景提示

公元前3世纪的亚历山大城是当时地中海东部的经济、科学与文化的中心，这里建有称誉世界的藏书70万卷的图书馆，以及博物馆、实验室、天文台等文化科学设施。当时有大批数学家在亚历山大工作，他们的一些独创性著作，直到今天仍然闪闪发光。欧几里得将前人生产实践中和科学研究中长期积累的几何知识，加以整理总结，形成演绎体系，写出了历史上理论严密、系统完整的第一部数学著作《几何原本》。

∷内容提要

《几何原本》的希腊原始抄本已经流失了，它的所有现代版本都是以希腊评注家泰奥恩（Theon，约比欧几里得晚700年）编写的修订本为依据的。《几何原本》的泰奥恩修订本分13卷，总共有465个

↑中译版《几何原本》书影

命题，其内容是阐述平面几何、立体几何及算术理论的系统化知识。《几何原本》按照公理化结构，运用了亚里士多德的逻辑方法，建立了第一个完整的关于几何学的演绎知识体系。所谓公理化结构就是：选取少量的原始概念和不需证明的命题，作为定义、公设和公理，使它们成为整个体系的出发点和逻辑依据，然后运用逻辑推理证明其他命题。《几何原本》成为两千多年来运用公理化方法的一个绝好典范。

↑雅典学园（局部） 意大利 拉斐尔

第一卷首先给出了一些必要的基本定义、解释、公设和公理，还包括一些关于全等形、平行线和直线形的熟知的定理。该卷的最后两个命题是毕达哥拉斯定理及其逆定理。

第二卷篇幅不大，主要讨论毕达哥拉斯学派的几何代数学。

第三卷包括圆、弦、割线、切线

相关链接

几何学起源于测量距离、面积与体积。在这些测量过程中，人们逐渐地积累出许多经验，对此，常常要求给予超出经验的理论上的证明。而将逻辑学的思想方法引入几何学，对几何问题进行逻辑推理证明，这项具有划时代意义的工作起始于公元前7世纪的希腊，完成于公元前3世纪的欧几里得。

以及圆心角和圆周角的一些熟知的定理。这些定理大多都能在现在的中学数学课本中找到。

第四卷则讨论了给定圆的某些内接和外切正多边形的尺规作图问题。

第五卷对欧多克斯的比例理论作了精彩的解释，被认为是最重要的数学杰作之一。

第七、八、九卷讨论的是初等数论，给出了求两个或多个整数的最大公因子的"欧几里得算法"，讨论了比例、几何级数，还

↑欧几里得《几何原本》中的公设和公理，至今仍是几何学的基本原理。欧几里得的公设：①给定两点，可连接一线段。②线段可无限延长。③给定中心和圆上一点，可以作一个圆。④所有直角彼此相等。⑤如一直线与两直线相交，且在同侧所交的两个内角之和小于两个直角，则这两直线无限延长后必在该侧相交。

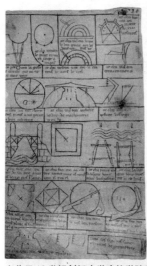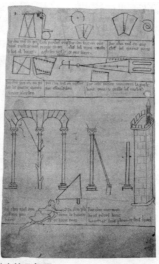

↑公元 13 世纪剑桥大学建筑学院学生的几何图

欧几里得的《几何原本》产生于两千多年前。12 世纪时，被采用为大学教材，它的主要内容至今仍在我们教材中占很大比重。

给出了许多关于数论的重要定理。

第十卷讨论无理量，即不可公度的线段，是很难读懂的一卷。

最后三卷，即第十一、十二和十三卷，论述立体几何。目前中学几何课本中的内容，绝大多数都可以在《几何原本》中找到。

《几何原本》原先一直是以手抄本的形式广为流传，几个世纪中，许多数学家对它进行了大量的注释和评论。尽管欧几里得受当时重理论、轻实践的哲学思想的影响，《原本》中全部是抽象的定义、公理和定理，没有解决实际问题的内容，但由于它有严谨的理论体系，因此在数学教育和数学研究上仍然受到人们的重视。12 世纪以后，《几何原本》被采用为大学教材，公元 1500 年左右印刷术出现后，这部著作迅速大量翻印，出现了 1000 多种版本，其发行量与传播之广，仅次于《圣经》，成为西方世界历史上翻版和研究最多的书。在 17 和 18 世纪，欧几里得的著作是西方数学教学的基础。

∷作品评价

《几何原本》是一部划时代著作，出现在两千多年前，更难能可贵的是，它对数学发展所起的作用仍是任何其他著作所无法比拟的。今天，它的主要内容仍在我们中学几何教材中占有很大比重，并被公认是学习几何知识和培养逻辑思维能力的必不可少的内容。诚然，《几何原本》存在着一些结构上的缺陷，但这丝毫无损于这部著作的崇高价值。它的影响之深远，使得"欧几里得"与"几何学"几乎成了同义语。它集中体现了希腊数学所奠定的数学思想、数学精神，是人类文化遗产中的瑰宝。

文学与史学的典范作品

高卢战记

古罗马／盖乌斯·尤利乌斯·恺撒

■作者介绍

　　盖乌斯·尤利乌斯·恺撒（Caius Julius Caesar，约公元前 100 年—前 44 年），是罗马共和制末期著名的政治家、军事家和文学家。恺撒出生于一个贵族家庭，从少年时代起就热衷于权力和荣誉。斯巴达克起义后，罗马奴隶主阶级内部出现了两个尖锐对立的集团——民主派和贵族元老派。恺撒站在民主派一边，并通过与贵族派的斗争来抬高自己的声望。公元前 60 年，为了取得更大的权势，恺撒与庞培、克拉苏组成"前三头联盟"。依靠同盟，恺撒得以在公元前 59 年担任罗马执政官，公元前 58 年出任高卢行省总督。在高卢期间，恺撒造就了一支忠于自己、骁勇善战的军队，积累了巨额财富，也捞取了更多的政治资本。公元前 53 年克拉苏在远征亚洲时战死，恺撒与庞培和罗马元老院的矛盾不断激化，导致内战爆发。恺撒率军攻占了意大利，消灭了庞培的军队。在内战期间及其后，恺撒获得了终身独裁官、执政官等职，将军政大权集于一身，成为名副其实的军事独裁者。在恺撒统治下，元老院被降为咨询机构，旧的贵族共和政体被摧毁，独裁专制政体基本上建立起来。恺撒的所作所为激起了旧贵族共和派的强烈不满，公元前 44 年 3 月 15 日，他被人刺杀于元老院。恺撒统辖高卢期间可谓戎马倥偬，军务繁忙。他征服了山外高卢，越过莱茵河深入日耳曼地区，又曾两次渡海入侵不列颠。偶有闲暇，他并没有忘记用舆论去回答和攻击政敌，替自己辩护，这是他写作《高卢战记》的最主要的目的。此外，恺撒还写有《内战记》、《亚历山大里亚战记》、《阿非利加战记》《西班牙战记》，合起来被统称为《恺撒战记》。

↑恺撒像

"我来！我看见！我征服！"从恺撒的豪言中，我们可以感受到这位罗马英雄的威风。

::内容提要

　　《高卢战记》是恺撒任高卢总督期间在高卢的战争实录。这部书的写作时间大约是在公元前 52 年—前 51 年。此书共 7 卷，主要记述恺撒在高卢作战的经过，也记述了他的各种见闻。从公元前 58 年至公元前 52 年，每年

↑罗马战斗浮雕

的事迹写成1卷。之所以每年分为1卷，据推测可能是他每年要向元老院写出书面汇报。后来在镇压了高卢人民反抗及对外战争相对缓和之后，约在公元前52年至前51年又将每年的汇报重新加工，使之连成一气，就成了7卷本的《高卢战记》。恺撒在公元前50年才离开高卢的，因此后面缺了两年的记叙。恺撒死后，他的幕僚续写了第八卷，补上了这段空白。

第一卷开头介绍了高卢的地理和居民，高卢全境分为三部分，其中一部分住着比尔及人，另一部分是阿奎丹尼人，第三部分住着克勒特人，比尔及人住在高卢的东北，阿奎丹尼人住在高卢的西南，其余广大地区住着克勒特人。第一卷着重记述了在公元前58年恺撒征服厄尔维几人，歼灭进入高卢的日耳曼人，从而占领高卢中部的经过。

第二卷记叙了公元前57年，恺撒征服高卢东北部的比尔及诸部落的情况。比尔及人结成联盟，反对恺撒的征服，恺撒几次率军打败了比尔及人的联军。

第三卷记述了公元前56年恺撒镇压布列塔尼和诺曼底的文内几人起义和阿奎丹尼人起义的经过。为镇压文内几人的起义，恺撒命令建造大量战舰，终于获胜，

↑罗马士兵浮雕

高卢地域辽阔，土地肥沃，长期以来一直是罗马招募新兵的重地，战略地位十分重要，因此恺撒一心要征服高卢。他在爱都依贵族骑兵支持下击溃了厄尔维几人。

并把文内几人的长老全部处死。

第四卷记述了公元前55年歼灭从莱茵河东岸进入高卢北部的日耳曼部落，并第一次进军莱茵河东岸和第一次远征不列颠的战事。恺撒军队进抵日耳曼人居住区，日耳曼人曾两次派使者与恺撒谈判，但又乘机偷袭恺撒的骑兵。在日耳曼人第三次派使者谈判时，恺撒扣下全部使者，命令进攻日耳曼人。日耳曼

背景提示

恺撒生活的时代是罗马共和国严重危机的时代。公元前2世纪至前1世纪，罗马奴隶制高度发达，疆域不断拓展，社会分工加速，改革运动接连不断。罗马奴隶制社会各种矛盾激化，军人专横，海盗猖獗，奴隶不断进行反抗斗争。著名的斯巴达克大起义给罗马奴隶制社会以沉重的打击，使罗马统治阶级感到原有的共和政体已经不适应奴隶主统治的需要，从而促使古罗马由共和向专制过渡。在这样的情况下，古罗马出现了一位著名的独裁者恺撒。

人战败，恺撒乘胜渡过莱茵河对日耳曼人各部落进行威胁、报复，几支日耳曼人被迫前来要求和平，表示臣服。

第五卷记述了公元前54年恺撒第一次远征不列颠的始末和镇压比尔及诸部落反罗马起义的战况。

第六卷记述了公元前53年春恺撒对比尔及人的讨伐和第二次渡过莱茵河的经过。

第七卷记述了维钦及托列克斯领导的高卢农民起义和公元前53年恺撒同起义军进行战斗的过程。全书以高卢起义被镇压，维钦及托列克斯投降而结束。

《高卢战记》的写作和纪事内容有两个十分鲜明的特点：其一是该书叙事平铺直叙，不加雕饰，看似漫不经心，字里行间却隐藏着深刻的意义；其二是《高卢战记》叙事翔实精确，史料价值高，文笔清晰简朴，文学价值也很高。恩格斯的一些论著如《家庭、私有制和国家的起源》、《论日耳曼人的古代历史》曾大量引用《高卢战记》的记载。

::作品评价

《高卢战记》比较真实地反映了历史，成为后世了解高卢战争的唯一原始记载，同时也是后世研究公元前1世纪高卢人和日耳曼人的社会制度、经济状

名家汇评

西塞罗称该书"朴素、直率和雅致"。

况、宗教信仰、风俗习惯的重要历史文献。《高卢战记》在写作风格上，文字清新简朴。不刻意修饰，不拘形式，摆脱了当时写作方法上的陈规陋习，因而成为古典拉丁文学的典范作品，受到后世人们的青睐。

古罗马史学的代表作

编年史

古罗马／普布里乌斯·塔西佗

■作者介绍

　　普布里乌斯·塔西佗（Tacitus Cornelius，约公元55年—120年）是古罗马伟大的历史学家、散文家和演说家。关于他的生平几乎没有什么记载流传下来。仅从他的巨著和他与朋友的书信中获知。他大概出生在山南高卢或那旁高卢，也就是今天意大利北部或法国南部，各国学者一致认为他出生于行省骑士等级的富裕家庭，他的父亲曾任低级官职和军团参将。公元77年，他和罗马显贵、执政官阿古利可拉的女儿结婚，从此官运亨通，先后担任过一个行省的财务官、行政长官。公元89年到93年期间，他离开罗马，可能去北方一个行省做官，在这段时间，他游历了罗马帝国的北部边境一带，他对日耳曼人的知识了解大概就是这时得到的。直到公元93年，他的岳父去世才返回罗马。此后，在多米提安的淫威下战战兢兢地过着缄默的生活。公元97年，塔西佗首次担任执政官，公元100年，他和小普林尼共同弹劾了阿非利加总督马利马斯·普利斯库勒的勒索罪行。约在公元105年，他在罗马开始了他的历史名著——《历史》的写作。公元112至113年，塔西佗出任亚细亚行省总督，随后开始写作他的最后一部历史著作《编年史》，他大概在公元120年左右去世。塔西佗的其他著作还有：《演说家对话录》、《阿吉利可拉传》和《日耳曼尼亚志》。

∷内容提要

　　《编年史》又名《罗马编年史》，共有16卷，主要记载了从公元14年奥古斯都去世至公元68年著名昏君尼禄死去半个世纪之间的罗马历史，内容包括罗马早期帝国时代的专制统治、政治变故、权力斗争、对外战争、君王生活等等，基本上是罗马帝国早期的一部政治史。他在书中所叙述的空间和对象的范围比较狭小，其注意力主要是集

中于大权在握的君王、帝国统治的中枢——皇宫和徒具虚名的元老院。

《编年史》的内容如下：大约第一至第六卷为提比略时代，第七至第十二卷为阿古利科拉和克劳狄时代，第十三卷至第十六卷为尼禄时代。但现尚存一至六卷和十一至十六卷的大部分，关于提比略统治的最后两年，阿古利科拉的全部统治时期，克劳狄统治的早期及尼禄统治末期的记述已经失传。

塔西佗生活于帝制时代，不得不为帝制服务，但他是一位旧贵族共和派的代言人，对帝制和那些暴君，从思想上是难以接受的。因此，《编年史》一书突出地体现了塔西佗旧贵族共和派的思想，对专制帝王的憎恶之情常常流露于字里行间。如塔西佗写道："皇帝在证人的亲临之下戴上了新娘的面纱，在那里不但有嫁妆、有结婚用床，还有婚礼的火把。总之，甚至在一次正常结合的情况下，需要黑夜来掩蔽的东西，在这里也完全公开了。"在《编年史》一书中，不仅记录了种种史实，而且还从旧贵族共和派思想的立场出发，在叙述史实之后常常加上自己的解释和分析，做出道德的评判。可以说，罗马史中的道德史观，

↓古罗马人的祭祀队伍
走在队伍前列，头戴面具，手持树枝的几位就是威斯塔神庙里的守火处女。其中一人已进入神庙内，她们要经常担负各种诸如祭祀、献礼的公众职责。

在塔西佗的《编年史》中得到了充分体现。

∷作品评价

　　《编年史》是塔西佗最后一部著作，也是最有名的一部历史著作。这部著作是塔西佗思想和文笔最成熟时期的作品，无论在史学和文学方面都有其重要的价值。塔西佗除了揭露黑暗外，还注重道德的教化作用，在写作风格上，文风简洁有力，独具一格，用语含义深刻，生动形象，文字的表现力和感染力很强，但由于受阶级和时代的局限，使他不能联系社会的发展和当时的物质生产条件来分析他所看到的现象，深刻揭露历史发展的基本原因；由于他的政治思想的倾向性，导致取材片面，同时书中还常流露出对下层民众的藐视，表现作者奴隶主贵族的立场。

　　《编年史》语言词汇精炼典雅，丰富多彩，含义深刻。书中对许多场面和人物的描绘细致入微，富有文采，读后给人以很深刻的印象。有些文字描写还充满诗情画意，有些语句充满哲理成为令人回味无穷的格言。《编年史》是罗马史学方面一部有代表性的著作，体现了罗马史学中的求真传统。作为一个史学家，塔西佗认为历史是崇高的、有尊严的，其作用不应是记录轶闻故事，而在于记载有价值的事迹。因此，史学家应审慎地对待所得到的各种材料，必须有所批判、有所选择。自己所记述下来的东西，均应有据可考。对那些可憎帝王的记述，也应如此。正是由于这种史识，他所撰《编年史》材料翔实，史料价值较高，成为罗马早期帝国时代最为重要的文献史料。

古希腊天文学和宇宙学思想的顶峰

天文学大成

古希腊／克罗狄斯·托勒密

■作者介绍

　　克罗狄斯·托勒密（Claudius Ptolemaeus，约90年—168年），古希腊天文学家、地理学家、地图学家和数学家。托勒密的地心说统治了欧洲天文学界乃至思想界达1400年之久。他出生于托勒密城，一生的大部分时间是在埃及的亚历山大里亚度过的，父母都是希腊人。他的姓名中保存着一些信息，Ptolemaeus表明他是埃及居民，而祖上是希腊人或希腊化了的某族人；Claudius表明他拥有罗马公民权。公元127年，年轻的托勒密被送到亚历山大去求学。在那里，他阅读了不少的书籍，并且学会了天文测量和大地测量。他曾长期住在亚历山大城，直到151年。托勒密著有《天文学大成》13卷，主要论述地心体系，是当时的天文学百科全书，直到16世纪都是天文学家的必读书籍。托勒密著有四本重要著作：《天文学大成》、《地理学》、《天文集》和《光学》。

::内容提要

　　托勒密在该书中通过系统的几何学证明，建立起宇宙地心体系，即我们通常所说的地心说。这部著作最初用古希腊文写成，后来流传到了阿拉伯人手中。公元827年，该书被译成阿拉伯文，12世纪后半期，传入欧洲，被转译成拉丁文。元代时该书即传入中国，但直到明末，才在徐光启等人编写的《崇祯历书》中有简要介绍。

　　《天文学大成》一书共13卷，分别阐述地和天的概念，基本观测事实和数学基础。书中论证地为球形，居于宇宙中心。

↑托勒密画像

静止不动，其他天体均围绕地球运动；还叙述了太阳、月亮、行星运动规律，如何推算日食、月食，确定行星位置等。在《天文学大成》中托勒密总结并发展了前人的学说，建立了宇宙地心体系。这一体系的要点是：

1. 地球位于宇宙中心静止不动。

2. 每个行星都在一个称为"本轮"的小圆形轨道上匀速转动，本轮中心在称为"均轮"的大圆轨道上绕地球匀速转动，但地球不是在均轮圆心，而是同圆心有一段距离。他用这两种运动的复合来解释行星运动中的"顺行"、"逆行"、"合"、"留"等现象。

3. 水星和金星的本轮中心位于地球与太阳的连线上，本轮中心在均轮上一年转一周；火星、木星、土星到它们各自的本轮中心的直线总是与地球—太阳连线平行，这三颗行星每年绕其本轮中心转一周。

4. 恒星都位于被称为"恒星天"的固体壳层上。日、月、行星除上述运动外，还与"恒星天"一起，每天绕地球转一周，于是各种天体每天都要东升西落一次。托勒密适当地选择了各个均轮与本轮的半径的比率、行星在本轮和均轮上的运动速度以及本轮平面与均轮平面的交角，使得按照这一体系推算的行星位置与观测相合。在当时观察精度不高的情况下，地心体系大致能解释行星的视运动，并据此编出了行星的星历表。按照这个理论预报日食、月食准确度达到一两个小时之内。

这样一本知识上参差交错且复杂的著作，不是单独一个人所能完成的。托勒密依靠了他的先驱者，特别是喜帕恰斯，这一点是无须掩盖的。他面对的基本问题是：在假设宇宙是以地球为中心的，以及所有天体以均匀的速度按完全圆形的

↑喜帕卡斯不仅绘制出天空中850多颗星星的位置图，而且发明了三角法。三角法用于计算三角形各边的长度和内角的度数。

↑托勒密描绘的世界
这幅地图见于托勒密的《地理学指南》，图中绘有经度和纬度，四周的人头表示风吹来的方向。

轨道绕转的前提下，试图解释天体的运动。因为实际天体以变速度按椭圆轨道绕地球以外的中心运动，为了维护原来的基本假设，就要考虑某些非常复杂的几何

形状。托勒密使用了3种复杂的原始设想：本轮、偏心圆和均轮。他能对火星、金星和水星等等的轨道分别给出合理的描述，但是如果把它们放在一个模型中，那么它们的尺度和周期将发生冲突。

托勒密的天体模型之所以能够流行千年，是有它的优点和历史原因的。它的主要特点如下：

1. 绕着某一中心的匀角速运动，符合当时占主导思想的柏拉图的假设，也适合于亚里士多德的物理学，易于被接受。

2. 用几种圆周轨道不同的组合预言

背景提示

在公元前4到3世纪，对于天体的运动，希腊人有两种不同的看法：一种以欧多克斯为代表，他从几何的角度解释天体的运动，把天上复杂的周期现象，分解为若干个简单的周期运动；他又给每一种简单的周期运动指定一个圆周轨道，或者是一个球形的壳层，他认为天体都在以地球为中心的圆周上做匀速圆周运动，并且用27个球层来解释天体的运动，到了亚里士多德时，又将球层增加到56个。另一种以阿利斯塔克为代表，他认为地球每天在自己的轴上自转，每年沿圆周轨道绕日一周，太阳和恒星都是不动的，而行星则以太阳为中心沿圆周运动。但阿利斯塔克的见解当时没有人表示理解或接受，因为这与人们肉眼看到的表观景象不同。

39

相关链接

托勒密的另一部巨著是《地理学》。在这一书中，托勒密充分地解释了怎样从数学上确定纬度和经度线。然而，没有一条经线是用天文学方法确定的，仅有少数的纬度线是这样计算的。他将陆上测量的距离归算为度，就在这无把握的网格上定出地区的位置。海面上的距离，简直是猜测出来的。他把加那利群岛放到它们真正位置以东 7° 去了，因而整个的网格定位只能是错误的。《地理学》对西方世界观的影响几乎也像《天文学大成》一样巨大和持久：托勒密标出的亚洲位置比它实际的更近（向西），与哥伦布同时代的地图制造者继承了他的错误观点，否则哥伦布也许就不会航行了。

了行星的运动位置，与实际相差很小，相比以前的体系有所改进，还能解释行星的亮度变化。

3. 地球不动的说法，对当时人们的生活是令人安慰的假设，也符合基督教信仰。

::作品评价

《天文学大成》是古希腊天文学和宇宙学思想的顶峰，无论这个体系存在着怎样的缺点，它还是流行了 1300 年之久，直到 15 世纪才被哥白尼推翻。在当时的历史条件下，托勒密提出的行星体系学说，是具有进步意义的。首先，它肯定了大地是一个悬空着的没有支柱的球体。其次，从恒星天体上区分出行星和日、月是离我们较近的一群天体，这是把太阳系从众星中识别出来的关键性一步。

↑雅典学园（局部） 意大利 拉斐尔
画面中手托地球仪者是天文学家托勒密。

讲述罗马内战的文化丰碑

罗马史

古罗马／阿庇安

■作者介绍

　　阿庇安（Appian，约95年—约161年）是罗马帝国早期一位卓越的历史学家。由于他本人的自传在公元9世纪佚失，关于他的生平事迹我们只能略知一些。阿庇安大约生于公元95年，是生长在埃及亚历山大城的希腊人。他21岁时曾参加了罗马皇帝图拉真镇压埃及犹太人起义的战争。后来还在故乡亚历山大城担任要职。阿庇安在获得罗马公民身份后，移居罗马，靠当律师维持生计。晚年在他的一位好朋友、后来的罗马皇帝马可·奥里略的老师副隆托的推荐下，被当时的安敦尼皇帝任命为埃及某地的皇家财务代理官。大约在公元152年左右，也就是阿庇安57岁时，他开始写作《罗马史》。公元161年，当马可·奥理略即位后，内忧外患接踵而至，罗马帝国的"黄金时代"随着帝国的衰败而结束。阿庇安于马可·奥理略在位的第四年，死在财务代理官任内。我们可以从《罗马史》中了解到阿庇安编史的目的和动机："我想知道罗马人和每个行省的关系，以便了解这些民族的弱点，或他们的持久力量，以及他们的征服者的勇敢和幸运……罗马国家从各种各样的内乱中过渡到'和谐状况'与君主国家。为了表明这些事情是怎样产生的，我著作和编撰了这部历史，对于那些想知道人们无止境的野心，他们争夺权势的可怕的欲望，他们不屈不挠的精神和各种各样罪恶的人，这部历史是值得学习的。"

↑埃特鲁斯坎母狼青铜雕像

该像铸造于公元前480年，是一只机敏、警惕的母狼，成为罗马的象征。据说，特洛伊王的后代阿木略的女佣与战神玛尔斯结合，生下一对孪生男婴，阿木略得知后杀死了女佣，并把两个男婴装入竹篮抛进台伯河，河水退后，一只母狼发现了篮中的婴儿，用自己的奶哺育他们，这对双胞胎罗慕洛斯和勒莫斯就是罗马城的创建者。

::内容提要

阿庇安的《罗马史》共 24 卷,全部用希腊文写成。该书至今保留完整的只有 10 卷,其余各卷,有的仅存片断,有的则荡然无存。《罗马史》的中心内容是叙述罗马人跟其他民族以及他们内部所进行的战争,其时间范围上起公元前 8 世纪罗马建城,下至公元 2 世纪图拉真统治时期,其地理范围包括地中海周围各国和地区。

经典摘录

● 我把每个国家有关的那部分历史分别叙述,略去其他国家中所同时发生的事情,留到其他适当的地方再去叙述。

内战史是本书的精华,清晰地揭示了罗马共和国时期国内政治斗争的经济背景以及国内斗争,怎样由制定法律、取消债务、分配土地、选举行政长官的争执发展到党派斗争乃至武装冲突,直至最后演变为夺取最高权力的内战的全过程。其中详细地叙述了格拉古兄弟改革、德鲁苏发案、同盟战争、马略与苏拉的内战、苏拉的独裁、前三头同盟的形成及彼此的倾轧、后三头同盟的解体等重大历史事件。阿庇安详尽地记载了斯巴达克起义,他笔下的斯巴达克是一位有胆有识、能征善战、视死如归的奴隶统帅,他领导的起义军是一支英勇顽强、纪律严明、宁死不屈的英雄队伍。

下面对各卷内容作简要地介绍:第一卷:关于诸国

↑古罗马城遗址
罗马的历史最早可追溯到公元前 12 世纪。公元前 27－公元 476 年,它是古罗马帝国的发祥地和首都;公元 750－1870 年,是教皇国都城;1870 年意大利统一后,被定为首都。

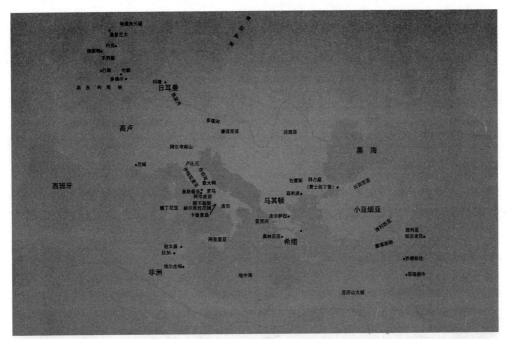

↑古罗马地理位置简图

王，叙述王政时代七王统治时期所发生的事件；第二卷：关于意大利，记述公元前5—4世纪罗马人同邻近部落的战事；第三卷：萨姆尼安人的历史，叙述罗马人征服意大利中部和南部的萨莫奈战争和皮洛士战争；第四卷：高卢史，叙述罗马人与高卢人的战事及对其的征服；第五卷：关于西西里和其他岛屿，叙述罗马夺取西西里和克里特等岛屿；第六卷：在西班牙的战争，叙述罗马人与迦太基人争夺西班牙的战事和罗马人镇压西班牙人民反抗斗争的战事。第七卷：汉尼拔战争。叙述第二次布匿战争中，汉尼拔率大军越过阿尔卑斯山进军意大利至16年后他被召回迦太基期间罗马人与汉尼拔的战事；第八卷：布匿战争和努米底亚事务；第九卷：马其顿事务，叙述了罗马与马其顿之间的争斗和罗马对马其顿的征服；第十卷：伊利里亚战争，叙述了从公元前230年起罗马人发动侵略，直到公元前33年最后完成对整个伊利里亚地区的征服；第十一卷：叙利亚战争，叙述了罗马对叙利亚的侵略和吞并，同时追述了叙利亚王国建立和衰亡的历史，第十二卷：米特拉达梯战争，叙述罗马侵

↑罗马万神庙

公元前27年初建时，万神庙是希腊式的，公元128年重建成今日尚存的圆形拱顶，成为罗马风格神庙建筑的典型。
这座伟大建筑是近代圆形建筑出现之前，两千年来最大的圆顶建筑物。

略和征服小亚细亚内地本都等国的故事；第十三卷至四十七卷：内战史；第十八卷至第二十一卷：埃及史，叙述罗马征服埃及的战事；第二十二卷至第二十四卷，叙述帝国时代图拉真皇帝政府达西亚和阿拉伯诸战役。

::作品评价

　　阿庇安用希腊文写的《罗马史》是一部巨著，其非常明显的特点之一就是极为重视政治事件和斗争背后的物质基础和社会经济背景，同时较为客观，富有正义感。《罗马史》不仅辑录了许多前人著作，保存了不少珍惜史料，而且在史学编撰体裁方面亦有创新。由于时代和阶级的局限，《罗马史》中的欠缺也有许多。但瑕不掩瑜，阿庇安的《罗马史》仍不失为值得一读的古典名著。

> **名家汇评**
>
> 　　阿庇安清楚明白地告诉我们，这一斗争归根结底是为什么进行的，即为土地所有权进行的。
>
> 　　　　　　　　——恩格斯

世界民法典结构的基础

法学阶梯

古罗马／盖尤斯

■作者介绍

　　盖尤斯（Gaius，公元117年—180年），罗马帝国安东尼王朝统治时期著名法学家，是罗马五大法学家之一，其代表是四卷本的《法学阶梯》（Institutiones），书成于公元161年前后。除成名著作《法学阶梯》外，另外著作有：《对＜诸省公告＞的评注》（30卷），《对＜城市公告＞的评注》，《对＜十二表法＞的评注》（6卷），以及其他专论。此外，还有一部专著《日常事件是法律实践》。公元1—2世纪，罗马法学界逐渐形成两大派别：萨比努斯学派（Sabinus）和普罗库鲁斯学派（Proculus）。盖尤斯是萨比努斯学派，两个学派长期争论，直到公元2世纪两派意见才趋于统一。由于盖尤斯及其他法学家著述了皇帝的权力，维护当时帝国的统治秩序，直到公元426年，东罗马皇帝狄奥多西二世（Theodosius 2，公元408年—450年在位）和西罗马皇帝瓦连体尼安（Aemilius Papinianus，公元140年—212年）颁布《学说引证法》，他被置于五大法学家之列，与帕比尼安（Julins Paulus，约公元222年去世）和莫迪斯蒂努斯（Modesinus，约公元244年去世）并驾齐驱。

↑汉谟拉比法典碑　公元前18世纪

汉谟拉比法典是世界上现存最全面、最完整的巴比伦法律汇编。是巴比伦第一个王朝的汉谟拉比君主（公元前1792—前1750年）在位时期发展起来的。这部法典被篆刻在巴比伦民族神马尔杜克庙一座闪长岩石柱上。目前保存在卢浮宫博物馆。

::内容提要

　　《法学阶梯》共分4卷：第一卷，关于人；第二卷，关于物，包括所有权及物权、遗嘱继承法；第三卷，无遗嘱继承、契约、债权总论；第四卷，关于诉讼。第一卷"关于人"，讨论了以下五方面的内容：1. 人法，第一篇的内容主要是人法，包括人的权利能力、行为能力和人的资格，以及婚姻权和家庭权。盖尤斯将法律分为两大系统，即市民法（ius civile）和万民法（ius gentium）。他指出："所有受法律和习俗调整的民众共同体都一方面使用自己的法，一方面使用一切人

45

↑铜制铭文《克劳狄法典》

该法典记载了公元48年罗马皇帝克劳狄的演讲,演讲中他承认高卢人享有罗马公民权。公元前450年,罗马首次校勘法律,整理出《十二铜表法》,并将其铭刻为碑文树立在罗马广场上。公元529年罗马皇帝查士丁尼主持编撰《查士丁尼法典》将以往法律综合整理,成为西方文明世界大多数法律制度的基础。

所共有的法。每个共同体为自己制定的法是它们自己的法,并且称为万民法,就像是一切民族所使用的法。2. 法律制定:盖尤斯把法律的制定即渊源归为5种:平民会决议、元老院决议、君主谕令、有权发布告示者发布的告示、法学家的解答。3. 权利主体的法律地位:人法是确立权利主体及其权利能力的法律规范。4. 人的权利能力:罗马市民法规定,只有罗马公民才享有完全的权利能力。罗马公民权利能力由三部分组成,即自由权、市民权和家族权。5. 婚姻、家庭。罗马人认为婚姻的目的是承继血统。婚姻既是罗马市民的权利,也是义务。婚姻关系是一种契约关系,归顺夫权的方式曾经有三种:时效婚、祭祀婚和买卖婚。

第二卷"关于物",盖尤斯谈到了最基本的划分、罗马法上的所有权、对物的拥有、遗嘱继承和遗赠。盖尤斯按不同的标准对物进行了划分,并做了分析。(1)神法的物和人法的物;(2)共有物和私有物;(3)有形物和无形物;(4)要式物和略式物。接着,盖尤斯结合要式物与略式物,详细谈了要式买卖问题,谈了所有权问题,时效取得问题,转让权,先占、添附、加工和取得等问题,对罗马法的物权法提出了自己的观点。然后,盖尤斯谈到了遗嘱继承问题。他将遗嘱分为四种:(1)会前遗嘱,"人们在民众会议上立遗嘱,每年两次";(2)战前遗嘱,"在战前立遗嘱,即在为参加战争而入伍时立遗嘱";(3)称铜衡式遗嘱,"那些未立下前两种遗嘱的人,

背景提示

罗马法学是伴随罗马奴隶制国家的发展而逐渐成长、不断完备的。盖尤斯《法学阶梯》上承《十二表法》,下接查士丁尼《国法大全》,总结了公元2世纪之前罗马法发展的成果,反映了当时罗马社会的经济生活状况,是罗马法逐渐成熟的标志。公元509年罗马废除了王政,建立了共和国。广大平民与贵族的矛盾与斗争成为社会的主要焦点。斗争集中在三个问题上:政治权利平等问题,取消债务奴役问题,平民取得公社国家土地问题。从公元前3世纪70年代起,罗马开始大举向外扩张,至公元前2世纪后期,罗马已成为东起小亚细亚,西至大西洋岸的地中海世界霸主。公元前27年奥古斯都(Augustus,公元前63—公元14年)执政后,罗马进入到帝政时期。盖尤斯身处这样一个法学研究兴盛、法学著作繁多的时代,自然受到影响,并且以他的学说最终成为众多法学家中引人注目的法学巨人。

《法律篇》是西塞罗在法律方面的代表作，在西方法学史上第一次系统地阐述了自然法学说。他认为，法律的本质需要从人的本性中去探求。人是具有预见性、灵敏性、综合力、激智力的动物，是富有记忆力和深谋远虑的动物。人之所以具有这些优点，是因为上帝赋予了人最为宝贵的东西——理性，"人是如此众多的各种各样的质的生命中唯一获得一种理性和思维的生命"，西塞罗还把自然法同正义联系起来，认为"自然是正义的本源"，"如果不把自然看作是正义的基础，那将意味着人类社会所依赖的美德的毁灭。"从自然法学说出发，西塞罗阐述了他的宪政理论与法治理论。他把国家政体分为民主政体、贵族政体和君主政体三种，为了更好地维护奴隶主贵族共和制，西塞罗主张在国家管理上实行法治。西塞罗的《法律篇》第一次使法学从政治学中分离出来，其中所包含的思想直接影响了后来的罗马法学家，为罗马法提供了理论基础；也影响了近代启蒙思想家。

如果突然感到自己濒临死亡，则将他的家产，即他的财产，以要式买卖的方式给予一位朋友，并且要求该朋友在他死后将财产给予他所希望给予的人"；(4)军人遗嘱，"君主谕令允许他们不严格遵守上述规则。"第二卷最后，盖尤斯讨论了遗赠问题。

第三卷是接着第二卷谈有关无遗嘱继承的情况，是第二卷的补充，之后是关于债的问题。契约之债有四种：(1)实物契约。(2)口头契约。(3)文字契约。(4)合意契约。物法是罗马私法的主体，是实体法的核心，由物权法、继承法和债权法三部分构成。

盖尤斯在《法学阶梯》的最后一卷中，讨论了有关诉讼的问题。诉讼有对物之诉和对人之诉。对人诉讼是"针对某个因契约或者私犯行为而向我们负债的人提起的诉讼"，称为请求给付之诉，要求"应当给、做或者履行"；对物诉

《法学阶梯》是在《圣经》之后，对人类历史产生了最大影响的一本书，它是世界上所有的民法典的结构的基础。

——徐国栋

讼是"主张某个有形物是我们的或者主张我们享有某项权利的诉讼"称为返还所有物之诉。诉讼程序的发展历史，经历了法定诉讼，程序诉讼。

::作品评价

《法学阶梯》是有关法学基本理论和体系的入门书，成为当时罗马各法律学校的教材，而且成为后来东罗马皇帝查士丁尼编纂同名法典《法学阶梯》时的范本；同时，也是唯一的一部完整地传至后世的古代罗马法学家的文献，对现代读者来说是一部有助于扩大对古典罗马法的了解的基本文献。

基督教经典

圣 经

::内容提要

　　《圣经》分为《旧约全书》和《新约全书》两大部分，所以又称为《新旧约全书》。

　　《旧约全书》是犹太教的经典《圣经》，由于原始基督教最初是犹太教的一个小派别，所以它继承犹太教的《圣经》，但它认为犹太教的《圣经》是上帝耶和华与犹太人订立的约法，由于犹太人不恒心守约，认为它已陈旧了，故称之为《旧约全书》。

　　《旧约全书》是犹太教的祭司们经巴比伦之囚，重返巴勒斯坦恢复圣殿后，于公元前6世纪着手编订的，历时500余年才定型。他们把公元前12世纪希伯来人流传下来的法律、历史、宗教、神话、小说、诗歌等资料按照一神论的犹太教观点进行加工、增删，陆续纳入《圣经》。它不仅是一部宗教经典，而且涉及巴勒斯坦地区一千多年的哲学、政治、经济、文学艺术、伦理道德、历史等方面内容，是一部百科全书式的作品。

　　《旧约全书》共39卷，其中包括律法5卷，又称《摩西五经》，包括《创世记》、《出埃及记》、《利

←失乐园　意大利　马萨乔

该画是马萨乔为勃兰卡奇礼拜堂所作的壁画。它表现的是《圣经》传说中亚当与夏娃因偷吃禁果被逐出伊甸园的情景。人类始祖亚当和夏娃原本生活在伊甸园中，夏娃受经不住蛇的诱惑，劝亚当同她一起吃下了智慧果，致使他们不但有了能辨善恶的能力，而且也知道为自己的裸体感到害羞，于是用无花果叶编制了遮羞的围裙。亚当和夏娃的行为被上帝发现后，双双被逐出伊甸园。

未记》、《民数记》和《申命记》五个部分。《创世记》记载上帝创造天地万物和人类始祖亚当和夏娃以及伊甸园、洪水、挪亚方舟等传说。《出埃及记》记述了希伯来人最古老的法律，除了著名的摩

西十诫之外，还有民法、刑法、家族法、婚姻法、赔偿法等内容，其中许多规定与《汉谟拉比法典》雷同。《利未记》又名祭司法典，是关于犹太教的教仪、教规、节日以及各种祭祀、食物禁忌的有关规定。《民数记》列举了以色列人离埃及后的户口、财产清单以及回到巴勒斯坦后吸收迦南人多神教信仰的情况。《申命记》是重申法律的意思，记述公元前 621 年犹太国王约西亚进行宗教改革、法律改革的情况。重申唯有耶和华是上帝，除此之外再也没有别的神。并且规定拜多神者死。

叙事著作 12 卷，又称《历史书》，即《约书亚记》、《士师记》、《路德记》、《撒母耳记》、《列王记》、《历代志》、《以斯拉记》、《尼希米记》和《以斯贴记》。是以色列和犹太王国兴亡的史记，主要记述以色列人征服巴勒斯坦后，经过部落领袖"士师时期"，建立以色列——犹太王国的始末，以及国家灭亡后以色列人流散他乡的历史。

诗歌 6 卷，即《约伯记》、《诗编》、《箴言》、《传道书》、《雅歌》和《耶利米哀歌》。

先知书共 16 卷。先知者被认为是先知先觉，是神的代言人，实际上，他们是在以色列将灭亡前的社会下层的改革家和思想家，他们谴责社会不平等，大声疾呼，唤醒民众。

《新约全书》是基督教自身的经典，是上帝与基督徒重新订立的约法，故称为《新约全书》。共 27 卷，分为《启示录》、《使徒书信》、《使徒行传》和《福音书》四类。《新约全书》的内容在 2 世纪中期已基本定型。公元 330 年君士坦丁大帝命令主教犹西比阿主持编订了《新约全书》，并抄写 50 部，以皇帝名义颁发各地使用，《新约全书》才成为法定

↑盛放"死海古卷"的陶罐及经书

1947 年，两个牧童在死海西北端的古姆兰遗址的山洞里发现一些罐子，罐内有一些羊皮纸古卷，上面有用希伯来语和阿拉米语这两种古犹太语写的文字。后来考古学家又发现共计 500 卷。古卷包括《圣经》中除了《以斯贴》之外所有《旧约全书》的抄本。这些古卷比以前所发现的任何《旧约全书》抄本都早 1000 年，人们称之为"死海古卷"。

的法典。公元 397 年，第三次迦太基宗教会议又以教会名义做出决议，确认《新约全书》的内容和目次，这就是目前流行的基督教的《圣经》。

《启示录》据说是使徒约翰根据在拨摩岛上所见异象写下的记录，他望穿时空，预见未来。作品以预言的形式反映了原始基督教所主张的人人平等、仇视罗马、反对奴隶制度、实现千年王国的政治主张，并预言基督将降临"在地上执掌王权"。

《使徒书信》是包括保罗在内的使徒致各地教会的 21 封信。其中，《罗马书》、《哥林多前后书》构成后世基督教教义的基础，其有四个要点：第一，把基督描绘为"神力"、"上帝的能力"和"上帝的智慧"；第二，强调不分民族，"因信称义"，上帝是一切人的上帝；第三，不必追求形式的"割礼"与食物禁忌，"上帝之国不在乎吃喝，只在乎公义"；第四，顺从统治，纳粮交税，现实的王国可演化为死后神灵的王国。

《使徒行传》描写的是从耶稣升天起直到保罗在罗马传教为止的三十余年的福音传播史。《使徒书信》和《使徒行传》都是以保罗作为主角，实际上构成了保罗的传记。

《福音书》相当于基督传，分别由马太、马可、路加和约翰四人所写，通称《四福音书》。中心内容有三点：第一，耶稣从来就是救世主，由圣灵感孕，玛利亚所生；第二，耶稣建立教会，制定教义与传教活动；第三，为世人赎罪，做出牺牲，被钉死在十字架上，复活上天，世界末日复临。

《圣经》作为基督教的经典，是基督教神学信条的主要来源。罗马帝国和中世纪的神学家经过加工、整理、发挥形成了四个基本信条：第一，信"三位一体"的上帝。他们认为世界和宇宙存在一种超自然和超社会的神秘力量，这

↑犹大之吻　乔托
此画取材于《新约圣经》：耶稣的门徒犹大为了得到 30 块银币，与官兵约定，他上去吻谁，谁就是耶稣。随后罗马士兵和法利赛人逮捕了耶稣。

种神秘力量就是上帝。上帝是至高无上、全知全能的，是创造天地万物的唯一真神，是宇宙的最高主宰。上帝具有圣父、圣子和圣灵三个位格。圣父在天名为耶和华，圣子为耶稣基督，受圣父派遣降临尘世，拯救人类的苦难。圣灵是上帝与人的中介，启发人的智慧和信仰，使人弃恶从善。第二，信原祖原罪。认为人类起源于同一祖先，也就是亚当和夏娃，他们是上帝在创世第六天按照自己的形象创造的。一开始是，亚当和夏娃居

↑《新约全书》书影

《旧约全书》约在公元前8世纪以后编成，原文以希伯来语为主，《新约全书》约在公元前1、2世纪完成，原文是希腊文。

住在伊甸园里，过着无忧无虑的生活，后来由于夏娃受到毒蛇的引诱，偷吃了禁果，触怒了上帝，被上帝赶出了伊甸园，降罪到尘世。神学家奥古斯丁据此创立了原罪说，他认为人生来就是有罪的，因而只有信仰基督，参加教会，经过洗礼，才能赦免。第三，信基督救赎。人世间充满罪恶，世人皆有原罪和自身之罪，因而不能自己解救自己。于是，上帝派遣耶稣降临世间，充当救世主，创立基督教，拯救人类，耶稣为了拯救世人，甘愿牺牲十字架上，以自己的血洗净世人的罪。因此，人类要想使自己的灵魂得到解救，就必须信仰、祈求耶稣基督。第四，信灵魂不灭和世界末日。人的肉体是短暂的，灵魂是长存的；现实世界是有限的，死后的生活是永存的，世界末日终有一天会到来的。人死后灵魂将根据生前的表现受到审判，善者升入天堂，恶者打入地狱。

::作品评价

《圣经》作为基督教的经典，对欧洲的社会思想起了长期的统治作用，作为一部包括历史、律法、文学的百科全书，对欧洲的社会生活、历史演变、哲学发展和文学艺术产生极为深远的影响。全世界现有宗教徒估计超过25亿人，其中基督教信徒达15亿多。《圣经》是译本最多、流传最广、影响最大、最受重视的基督教的经典。《圣经》是一部家喻户晓、妇孺皆知的"普及读物"。有人曾感慨地说，西方文化就是基督教文化，就是《圣经》文化，《圣经》是西方精神文明的重要支柱。

"世界第一大奇书"

马可·波罗游记

意大利／马可·波罗

■作者介绍

　　马可·波罗（Marco polo，1254年—1324年）是中世纪伟大的旅行家，是世界上第一个向西方系统地介绍中国和亚洲诸国情况的欧洲人，也是中国和意大利人民友好往来的先行者。马可·波罗出生在意大利北部著名的"水城"威尼斯。他出身于富商家庭，父亲尼克罗·马可和两个叔叔都是从事中间贸易的商人，自1260年左右开始，他的父亲和叔父马飞阿在君士坦丁堡和中亚哈拉从事商业活动。1271年，年仅17岁的马可·波罗在他父亲和叔父的带领下，从威尼斯启程前往中国，他们从地中海东岸阿迦登城登陆，到达亚美尼亚后，便沿着公元前1世纪初中国古代人民和西南亚各族共同开辟的"丝绸之路"东行，历时三年半，在1275年到达蒙古大汗驻所上都，并朝觐了大汗忽必烈。从1275年至1291年，马可·波罗和他的父亲、叔父长期在元朝政府供职。马可·波罗深得忽必烈的器重，几次被指派到国内各地巡视、游览或出使一些邻国。马可·波罗在中国旅居和任职的17年间，经常被召进宫内，直接向皇帝

↑马可·波罗画像

报告在中国或赴邻国考察的实况，并讲述欧洲诸国的历史与现状，大汗也常派他出使各地执行机密使命。马可·波罗及其父、叔长年客居在外，想回归故土。1291年初，他们利用护送被聘为波斯阿鲁浑汗王妃的元室公主去波斯完婚的机会，离开了大都，从福建泉州出海，历经千辛万苦，于1295年回到了阔别24年的故乡威尼斯。1294年威尼斯同热那亚发生战争，1298年马可·波罗也参加了战事。双方在亚德里亚海发生激战，威尼斯大败，马可·波罗受伤被俘，被投入热那亚狱中，在狱中他口述东方见闻，狱友鲁思梯谦笔录成《马可·波罗游记》。1298年七八月间，马可·波罗获释，回威尼斯定居。1324年马可·波罗病逝，葬在威尼斯圣洛伦索教堂墓地。

::内容提要

　　《马可·波罗游记》又名《东方见闻录》，分序言、正文4卷，共223章。《游记》主要是用旅游沿途记叙的形式，简介了亚洲各地的情况。它记录了十三世纪时中亚、

↑马可·波罗向忽必烈可汗呈递罗马教皇格雷古瓦十世的文书。是可汗的好奇，想要更多地了解西方，才允许马可·波罗作为交换去了解当时的东方。

西亚以及东南亚许多国家和地区的经济、政治情况、习俗和自然概貌，而其重点则是叙述中国。《游记》记述了中国无穷无尽的财富资源、完善的交通驿站制度以及华丽的宫殿、昌明的文教和许多名城的繁荣景象。书中还有两个专章描述汗八里城的建筑格局，大加赞颂元世祖忽必烈。

序言部分共6章，记述的是马可·波罗之父尼克罗·波罗和他的叔父马飞阿兄弟二人自1260年至1269年前往东方的过程以及自1271年至1295年期间波罗兄弟和马可·波罗三人前往中国的旅途与寄居中国的梗概。

第一卷记述马可·波罗等人从小亚美尼亚东行来到中国元朝大汗上都沿途各地的见闻，共分61章。

第二卷记载了中国元朝初年的政事及忽必烈所进行的战争，叙述了朝廷、宫殿、节庆、游猎等内容，还介绍了自大都南行至缅甸、交趾等地沿途各地的概况，以及中国东南沿海诸名城的繁华景象。本卷是全书的重点，共包括82章。

背景提示

马可·波罗生活的年代，正是意大利北部城市繁荣、工商业发达和资本主义逐渐萌芽、孕育早期文艺复兴的时代。13世纪初，威尼斯在地中海航运和贸易的作用更加显要。第四次十字军东侵后，威尼斯垄断了地中海东部的贸易，威尼斯的势力范围逐渐同亚洲西部的蒙古汗国连接起来，方便了威尼斯人前往亚洲经商。

第三卷记述中国邻近的一些国家和地区的情况，包括印度、日本、印度支那和印度洋的一些岛屿，以及非洲东部等地的历史和当时的状况，共40章。马可·波罗对本卷提到的某些国家的描述，是从海道的归途中短期取得的片断印象，而对另一些国家因马可·波罗本人从未去过，仅是凭传闻叙述的。

第四卷是讲成吉思汗的后裔蒙古各汗国、王公之间的战争，以及俄罗斯和亚洲北部的情况，共34章。本卷所述的事实并非马可·波罗亲身的经历，而是他在中国期间听到的传闻的回忆。马可·波罗最后概括了写《游记》的目的是"为了人民能通过我们了解到世界上的许多事物"。

以叙述中国为主的第二卷共82章，在全书中分量很大。在这卷中有很多篇幅是关于忽必烈和北京的描述。还对杭州有详细的记述。书中称杭州为"行在"，"天城"，称苏州为"地城"。"行在"是南宋时代对杭州的一般称呼，指帝皇行幸所在的地方；而"天城"、"地城"，也就是我国谚语"上有天堂，下有苏杭"

↑秤物图　元代

元大都城内街道主次分明，大街宽24步，小街宽12步。这些街道将城市划分为50坊，坊门上题坊名，坊内有坊差管理日常事务。此画生动地反映了元朝城市坊内买卖交易的场景。

的一种译称。对于号称天堂的杭州，马可·波罗更是赞不绝口，他记载杭州人口稠密，房屋达160万所，商业发达，说"城中有大市10所，沿街小市无数"。并说杭州人对来贸易之外人很亲切，"待遇周到，辅助及劝导，尽其所能"。又讲到杭州市容整齐清洁，街道都用石铺筑；人民讲究卫生，全城到处有冷热澡堂，以供沐浴之用。户口登记严密，人口统计清楚。对西湖的美丽和游览设施，书中更有详细的记述，马可波罗称赞"行在城所供给之快乐，世界诸城无有及之者，人处其中自信为置身天堂"。由于他对杭州特别赞赏，所以几次来到这里游览。

在《马可·波罗游记》中，还有专门的篇章谈元代通行的纸钞和中国使用已久的煤。马可·波罗记述忽必烈在京城设有造币局，先以桑树皮制造纸张，然后以它制印纸币，这种纸币不但通行国内，就是在和外商贸易中也有流通。

《马可·波罗游记》对亚洲其他地方，也有大量篇幅的描述。马可·波罗东来中国，主要经过西亚，中亚等地，因此游记里载有不少这些地方的见闻。

::作品评价

《马可·波罗游记》是世界学术名著之一，是历史和地理的重要典籍。它在世界史、中西交通史等许多方面都有重要的历史价值。本书沟通了东西方文化的交流，向西欧介绍了东方辽阔的土地、众多的国家和富庶的中国，引起了欧洲

名家汇评

"世界第一大奇书"。

人民对东方的向往，给十三、十四世纪欧洲的知识界、工商界、航海界带来了新的知识。《游记》的流传，对15世纪末欧洲航海事业的发展起了促进作用。

扫码获取更多资源

欧洲各国历代君王和统治者的案头书

君主论

意大利／尼古拉·马基雅维里

■作者介绍

　　尼古拉·马基雅维里（Niccolo Machiavelli, 1469年—1527年）是意大利佛罗伦萨的政治家、外交家；同时是一位政治思想家。他出生于佛罗伦萨，马基雅维里家族从13世纪起就是佛罗伦萨富有的世家大族。他的父亲是一名律师，家境不堪富有，但非常重视儿子的教育。马基雅维里7岁上学，12岁时被送往一著名教师门下接受正规教育，而后进入佛罗伦萨大学完成他的教育，在那里受到人文主义者语言学家马尔切洛·阿德里亚尼的古典文学训练。马基雅维里熟悉拉丁文和意大利的古典文学、史学，尤其是熟悉古罗马－罗马共和国政制以及西塞罗等人的论辩和社会哲学。他在30岁时进入执政团秘书处，并承担过多种行政和军事使命，数次前往法国晋见路易十二，撰写了《法国情况报告》。马基雅维里是佛罗伦萨终身行政长官彼埃罗·索代里尼的朋友，曾跟他处理政务。1512年11月，马基雅维里被剥夺了一切职务，

他只好被迫隐居圣·卡夏诺乡间，在闲暇之中撰写了《君主论》和《论提徒斯·李维》的前十卷；1519年至1520年又写了七卷本的《军事艺术》。马基雅维里经常参加奥尔蒂·奥里切拉里花园的文人聚会，而且还受托撰写了《佛罗伦萨史》，但1527年佛罗伦萨举行反对梅迪奇家族的起义，重建共和国时，马基雅维里想恢复他在国务厅的职务，遭到自由共和国卫士的拒绝，他忧郁成疾，怏怏死去。

↑尼古拉·马基雅维里像

::内容提要

　　《君主论》以章为体，共26章，其内容大致可以分为两大部分：（一）关于政体的学说（第1章至第14章）他把政府的形式分为两种：共和国和君主国，而君主国又具体分为三种类型，即世袭君主国、混合君主国和新式君主国。（二）关于君主的统治术（第15章至第23章），这是《君主论》最著名的部分，他对君主的统治权术进行了全面的研究。第24章至第26章是专门谈及那些"丧失了

自己国家的意大利君主们"的问题。

各章主要内容如下：第1章，君主国有多少种类，是用什么方法获得的。从古至今，统治人类的一切国家，不是共和国就是君主国。第2章，世袭君主国。在世袭君主国里保持政权比在新的君主国里容易得多，因此人们已经习惯了在世袭君主统治下的生活。第3章，混合

君主国。在新君主国里会出现许多困难，首先如果不完全而只是一部分是新的君主国，新旧变化的原因是人民本希望通过变化改善自己的境地，但后来的经验告诉他们，生活的境地比以前更坏了，这样新君主就有麻烦了。第4章，为什么亚历山大大帝所征服的大流士王国在亚历山大死后没有背叛其后继者。第5章，对于占领前在各自的法律下生活的城市和君主国应当怎样统治。要保有被征服的国家办法有三，其一是把它们毁灭掉，其二是亲自前往驻在那里，其三是允许它们在自己的法律下生活，同时要它们进贡并且在那个国家里建立一个听话的寡头政府。第6章，论依靠自己的武力和能力获得新君主国。在一个全新的君主国里，有的君主以能力登位，有的以幸运登位，可是最不倚靠幸运的人却是保持自己的地位最稳固的人。第7章，论依靠他人的武力或者由于幸运而取得的新君主国，这些国家的君主发迹时不很辛苦，但保持时就辛苦劳瘁了。第8章，论以邪恶之道获得君权的人们，从平民成为君主的方法有两个：一个靠某种邪恶卑鄙的方法，一个靠他的同胞们的帮助，前者在夺取一个国家时，应审度自己必须从事的一切损害行为，并要立即毕其功于一役。第9章，论市民的君主国。如果一个平民，不是靠邪恶之道或凶暴行为，而是由于获得本土人民的支持而成为本国的君主，这种国家称之为市民的君主国。第10章，应该怎样衡量一切君主国的力量，人口众多或财力充裕能够募足军队的君主在疆场依靠自己的力量屹立不动，如果不能决战疆场，被迫躲在城墙后防御，应使城市森严壁垒，备足粮草。第11章，

↑拿破仑加冕仪式　达维特　法国
《君主论》对后世影响十分深远，特别是"政治无道德"的思想，对欧洲很多君主的执政起到指示作用。

论教会的君主国。这种国家的困难来自取得这种国家之前，因为他是依靠人类智力所不能达到的力量支持的，是由上帝权威维护的。第12章，论军队的种类与雇佣军。一切国家的主要基础是良好的法律和良好的军队。君主用来保卫本国的军队，或是自己的军队，或是雇佣军、援军、混合军队。第13章，论援军、混合军和本国军队。援军带来的危险比雇佣军还多，英明的君主应谢绝使用援军，转而依靠自己的军队。第14章，君主关于军事方面的责任。君主除了战争、军事和训练之外，不应有其他的目标，在和平时期要比战争时期更注意军事训练。第15章，论世人特别是君主受到赞扬或受到责难的原因。第16章，论慷慨与吝啬。慷慨与吝啬在不同的情况下会得出不同的结果。第17章，论残酷与仁慈。每一位君主一定希望被人誉为仁慈而不是残酷，但必须提防不要滥用仁慈。第18章，论君主应当怎样守信。第19章，论应该避免受到蔑视与憎恨。君主应表现伟大、英勇、庄严和坚韧不拔，才会使人们不蔑视与憎恨。第20章，

相关链接

中世纪后期法国著名政治学家、法学家让·布丹的《国家论》是行政国家政治理论的奠基之作。这部著作探讨问题之广、论点之复杂、提出前景之新颖，可以同亚氏的《政治学》媲美。布丹认为，政治学的起点不是君主，也不是公民，而是拥有最高权、不从属于其他权力的国家。他认为主权是保障国家内聚力和国家独立的前提，但必须把作为主权的"国家"同具体实施这一权力的"政府"区别开来，每一种国家形式可以有不同的政府类型，有君主制、贵族制和民主制，并认为君主制是最适时宜的政治形式，布丹把君主制区分为"领主的"君主制、"暴君的"君主制和"主权的"君主制，并详细加以阐述。《国家论》开创了以具体的法学方式阐述政治学的先例，对政治科学的发展有重要的历史意义。

堡垒以及君主们每日做的事。堡垒是否有益要看情势，堡垒可建也可不建，但君主不能只建堡垒而不顾及人民的憎恨。第21章，君主为了受人尊敬应当怎样为人。君主应公开表明自己的态度，应做出伟大的事业，并适时使人们欢度节日和赛会。第22章，论君主的大臣。大臣是否贤明，取决于君主的明智，好的大臣应以君主的利益为重。第23章，应该怎样避开献媚者。贤明的君主应在国家内选拔一些有识之士，单独让他们有讲真话的权力，但只是就他们询问的事情。第24章，意大利的君主们为什么丧失了自己的国家，原因就在于没有自己的军队。第25章，命运在人世事务有多大力量和怎样对抗。命运是我们行动的半个主宰，其余一半由我们自己主宰。第26章，奉劝将意大利从蛮族手中解放出来，解救意大利的第一件事就是组建自己的军队。

::作品评价

《君主论》这本"惊世骇俗"的小册子，在当时一版再版，影响极大，1559年在欧洲被列为禁书。几百年来，人们对其褒贬不一。马基雅维里的权术思想，对后世影响较大。他的"政治无道德"论被后人称为马基雅维里主义，并作为一种政治理论流传开来。由于马基雅维里从人出发，第一次把政治问题看成是纯粹的权力和权术问题，西方学者一般认为，他为近代政治学开辟了道路。由于书中为君主们提出了一整套统治策略和政治权术，因而《君主论》成为欧洲各国历代君主和统治者的案头书。

NICOLAI
MACHIAVELLI
PRINCEPS
EX
SYLVESTRI TELII
FVLGINATIS TRADVCTIONS
diligenter emendata.

Adhibis quibusdam argumentis, Aliorum quorundam circa Machiavellum scripta de potestate & officia Principum, & contra tyrannos.

BASILEAE
Ex officina Petri Pernæ.
M D XXC.

↑《君主论》扉页
《君主论》(1513年)旨在成为统治者的指南，它提出了统治者要在政治上取得成功，应该做些什么，说些什么。许多人都认为，马基雅维里心目中的理想君主就是狡猾而又肆无忌惮的塞萨尔·博尔吉亚。

空想社会主义思想体系的奠基之作

乌托邦

英国／托马斯·莫尔

■作者介绍

托马斯·莫尔（Thomas More，1477年—1535年）是西欧第一个伟大的空想社会主义者，英国人文主义者、反异端作品的多产作家、政治家。莫尔生于伦敦一个法官的家庭，曾在牛津大学学习拉丁语和形式逻辑学，以后改学法律。1501年正式成为律师。1523年被选为下议院议长，1529年被任命为内阁大臣。由于对国王的离婚案持异议，而且在教会问题上与国王意见分歧，于1532年辞职。1534年莫尔被诬陷入狱，1535年，由于他拒绝承认英国国王为英国国教最高首领，被判处死刑。莫尔一生著述很多，代表作除《乌托邦》外，还有《关于异端的对话》、《国王理查三世的历史》、《驳斥廷得尔的回答》等。

↑托马斯·莫尔像

::内容提要

《乌托邦》的全名是《关于最完美的国家制度和乌托邦新岛的既有益又有趣的全书》。《乌托邦》采用的是对话体的故事形式，以航海家希斯拉德独自来到"乌托邦岛"的见闻，写出了莫尔的"空想社会主义"蓝图。由于莫尔的时代是地理

背景提示

欧洲社会到了14、15世纪，无论是社会生产还是意识形态都陷入了自身难以解脱的困境。封建农奴制度严重束缚了生产者的积极性，社会经济在低水平上循环，已没有发展出路。封建领主、国王和教皇政权多元并立，严厉控制着领地并互相争权夺利。基督教垄断着社会的精神生活，人性被过度压抑和扭曲，整个社会思想文化生活被窒息。社会全面停滞发展的现实迫使人们设法突破困境，文艺复兴首先在古罗马的摇篮和中世纪神权统治的中心意大利兴起，然后波及欧洲其他国家。

大发现的时代，新航路、新大陆、新人民"层出不穷"，所以，这个航海家口里的"乌托邦"故事，使读者大感兴趣，几乎以假为真。

全书分为两个部分。第一部分是批判当时的英国社会，揭露资本原始积累给劳动人民带来的无穷无尽的灾难。当时英国毛纺织业发展很快，导致羊毛价格猛涨，养羊比种粮更有利可图。于

↑拾穗者　米勒　法国

是贵族、地主纷纷把耕地改为牧场，把自己领地上的佃农大批赶走，残酷拆毁和焚烧大批村庄，世代安居的农民被迫到处流浪，沦为乞丐饿死沟壑……在《乌托邦》中，莫尔借主人公之口，愤怒地指责道："你们的绵羊本来就是那么驯服，吃一点点就满足，现在据说变成很贪婪也很野蛮，甚至要把人吃掉，把你们的田地、家园、城市要蹂躏完了。"莫尔的这句不朽的名言——"羊吃人"，是对资本原始积累时期的英国社会最简洁、最真实、最形象的概括，也是无产阶级的先驱对资本主义罪恶的最早控诉，马克思在《资本论》中，就曾引用过《乌托邦》里关于"羊吃人"的悲惨情景。

《乌托邦》第二部分描绘的是"乌托邦"这个理想国，它的完美与第一部分的罪恶形成鲜明的对照。乌托邦是个新月形海岛，岛上有54座城市，巨大而壮丽，居民有共同的语言、传统风俗和法律。乌托邦人不分男女都以务农为业。乌托邦实行计划经济和按需分配，财产公有，任何地方都没有一样东西是私产，连住房也每隔10年用抽签的方式相互交换。一切行政长官均由选举产生，实行彻底的民主管理……总之，这是一个没有剥削、没有压迫、实现共产主义制度的无比美妙、快乐的理想社会。莫尔敏锐地观察出私有制是罪恶的根源。在《乌托邦》中，他写道："我深信，只有完全废止私有制度，财富才可以得到平均公正的分配，人类才能有福利。如果私有制度仍然保留下来，那么，大多数人类，并且是最优秀的人类，会永远被压在痛苦难逃的悲惨重负下。"在这里，莫尔破天荒地提出

经典摘录

● 你们的绵羊本来就是那么驯服，吃一点点就满足，现在据说变得很贪婪也很野蛮，甚至要把人吃掉，把你们的田地、家园、城市要蹂躏完了。

了一个全新的原则——"完全废除私有制"，于是，人们第一次看到了共产主义思想的微光。他认为，邪恶只能缓解，不能根治，因为人的本性总是会犯错误的。由于在乌托邦岛上实行了基本共产主义，而没有受到西方邪恶势力的影响，所有的公民在饮食、住房、教育、哲学、政治战争甚至宗教方面的活动中，享有完全的平等，唯一的例外是一夫一妻制受到严格的法律保护。全部公民义务的共同标准是信仰善良和公正的上帝，上帝统治着这个世界并在不朽的来世给人们奖赏或惩罚。

名家汇评

　　这本书的基本思想深深地触动了我，以致每当我合起来，总不得不认真地思索一下共产制度的问题。

——贝卡

　　乌托邦的一些基本原则是人类智慧最伟大的进步，对人类未来命运也作了最伟大的贡献。

——贝卡

::作品评价

　　《乌托邦》是近代第一部尖锐批判资本主义并设计出取而代之的空想社会主义的力作，它第一次系统地幻想了人类的远景，是空想社会主义思想体系的伟大奠基之作。该书反映的彻底废除私有制的思想超越了西方历史上均贫富的社会历史理想，成为近代社会主义理论的思想来源之一。

↑英国画家庚斯勃罗的油画《安德鲁斯夫妇》，从画面背景中可以看到多块圈地，见证了英国农业方式的演变。

本书不仅批判了资本主义社会，表现了对美好社会的追求，而且还涉及刑罚学、优生学、离婚、女权、农本位、成人教育、国家管理、宗教多元论和生态学等领域，因而产生了巨大影响。游记体裁和对话形式的文学样式，以隐蔽假托的方式来表述观点，语言生动，浅显易懂。

自然科学的"独立宣言"

天体运行论

波兰／尼古拉斯·哥白尼

■作者介绍

尼古拉斯·哥白尼（Nicholas Copernicus，1473年—1543年），伟大的波兰天文学家，日心说的创立者，近代天文学的奠基人。1473年2月19日哥白尼生于波兰维斯瓦河畔的托伦城，10岁丧父，由舅父瓦琴洛德抚养，18岁时进克拉科夫大学，在校受到人文主义者、数学教授布鲁楚斯基的熏陶，抱定献身天文学研究的志愿，三年后转回故乡。当时已任埃尔梅兰城大主教的瓦琴洛德，派他去意大利学教会法规。1497年—1500年间他在波洛尼亚大学读书，除教会法规外，还同时研究多种学科，尤其是数学和天文学。对他最有影响的老师是文艺复兴运动的领导人之一、天文学教授诺法腊。1497年3月9日，他在波洛尼亚作了他遗留下的第一个天文观测记录：月球遮掩金牛座（毕宿五）的时刻。哥白尼在意大利的时候，因他舅父的推荐，于1497年被选为弗龙堡大教堂僧正。1501年他从意大利回国，正式宣誓加入神父团体，但随即又请假再次去意大利。在帕多瓦大学，哥白尼同时研究法律与医学。1503年，在费拉拉大学获得教会法博士学位。1506年，哥白尼从意大利回到波兰。1512年他舅父死后，他就定居在弗龙堡。作为僧正的哥白尼，职务是轻松的，他把大部分精力都用在天文学的研究上。哥白尼用了"将近四个九年的时间"去测算、校核、修订他的学说。他曾写过一篇《要释》，简要地介绍他的学说。这篇短文曾在他的友人中间手抄流传。但是，他迟迟不愿将他的主要著作——《天体运行论》公开出版。当哥白尼听从朋友们的劝告，将他的手稿送去出版时，他想出一个办法，在书的序中写明将他的著作大胆地献给教皇保罗三世。他认为，在这位比较开明的教皇的庇护下，《天体运行论》也许可以问世。

↑哥白尼头像

::内容提要

《天体运行论》于1543年在德国纽伦堡用拉丁文出版。原稿无书名，由出版者命名为《论天体旋转的六卷集》，后人简称《天体运行论》，四百多年来这部著作已被译为多种语言在世界各国出版。全书共六卷。

● 土星每30年运转一周，火星是3年，地球转到原来位置要整整一年；金星转一周是9个月，而水星是3个月。

● 水星靠7个圆周运动，金星为5个、地球为3个，而且它周围的月亮为4个；最后，木星、火星、土星各为5个圆。因此，宇宙共有34个圆，用这些圆就可以解释整个宇宙的结构和行星的一切运动了。

第一卷为宇宙论，简述了整个宇宙的结构，是全书的精髓。这一卷分四章，先后论述了"宇宙是球形"、"大地也是球形"、"天体的运动是均匀永恒之圆运动或复合运动"。哥白尼说，"天体的这种旋转运动对于球来说是固有的性质，它反映了球形的特点。球这种形状的特点是简单、没有起点，也没有终点，旋转时不能将各部分相区别。而且球体形状也正是旋转作用本身造成的。"

第二卷运用三角学论证天体运行的基本规律，其中哥白尼首创了平面三角和球面三角的演算方法；第三卷为恒星表；第四卷叙述了地球绕轴运行和周年运行；第五卷阐述了地球的卫星月球；第六卷是关于行星运行的理论。

哥白尼在《天体运行论》中还详细讲解了地球的三种运动（自转、公转、赤纬运动）所引起的一系列现象——岁差现象、月球运动、行星运动的规律及金星、水星的纬度偏离和轨道平面的倾角。《天体运行论》的诞生使当时所知道的太阳系内天体的位置和运状况更为完整了。

哥白尼分析了托勒密体系中的行星运动，发现每个行星都有三种共同的周期运动，即：一日一周、一年一周和相当于岁差的周期运动。他认为，如果把这三种运动都归到被托勒密视为静止不动的地球上，就可消除他的体系里不必要的复杂性。因此，哥白尼建立起一个新的宇宙体系，即太阳居于宇宙的中心静止不动，而包括地球在内的行星都绕太阳转动的"日

↑古罗马人相信宇宙是由天神艾特拉斯扛在肩上运转的。

当时的欧洲正处在黑暗的中世纪的末期。亚里士多德－托勒密的地球中心说早已被基督教会改造成为基督教义的支柱。然而，由于观测技术的进步，在托勒密的地心体系里必须用80个左右的均轮和本轮才能获得同观测比较相合的结果，而且这类小轮的数目还有继续增加的趋势。当时一些具有进步思想的哲学家和天文学家都对这个复杂的体系感到不满。

↑审判伽利略

伽利略于 1632 年出版了《关于托勒密和哥白尼两大世界体系的对话》，提出了全新的宇宙论。结果宗教裁判所命令伽利略说清楚自己为什么质疑传统的观念。最终伽利略被迫宣称地球是宇宙中静止不动的中心。

心体系"。离太阳最近的是水星，其次是金星、地球、火星、木星和土星。只有月球绕地球转动。恒星则在离太阳很远的一个天球面上静止不动。哥白尼把统率整个宇宙的支配力量赋予太阳，而各个天体则都有其自然的运动。他系统而明晰地批判了地球中心说，并且从物理学的角度对日心地动说可能遭到的责难提出了答复。

> **名家汇评**
>
> "自然科学的独立宣言"——《天体运行论》
>
> "从此自然科学便开始从神学中解放出来"，"科学的发展从此便大踏步前进"。
> ——恩格斯《自然辩证法》
>
> 哥白尼"对于西方摆脱教权统治和学术统治枷锁的精神解放所做的贡献几乎比谁都要大"。
> ——爱因斯坦

::作品评价

哥白尼的主要贡献是创立了科学的日心地动说，写出"自然科学的独立宣言"——《天体运行论》。哥白尼的学说不仅改变了那个时代人类对宇宙的认识，而且根本动摇了欧洲中世纪宗教神学的理论基础。然而，值得注意的是，哥白尼的太阳中心说并不是无懈可击的。他不能解释：为什么人们感觉不出地球的运动？地球既然自转，地球上的物体下落何以不产生偏斜？哥白尼还不能摆脱亚里士多德哲学的束缚，他接受了圆运动是天体最完善的运动方式的观念。

欧洲近代哲理散文经典

蒙田随笔

法国／米歇尔·埃凯姆·蒙田

■作者介绍

　　米歇尔·埃凯姆·蒙田（Michel Eyquem de Montaigne, 1533年—1592年），文艺复兴后期法兰西杰出的思想家、散文家和教育家。蒙田出身贵族，祖上是波尔多人，他早年学习拉丁文，在波尔多市念完中学后，在相当长的时期内深居简出，闭门读书思考。后来，他在政府部门任职，成为波尔多市议员，并两度被选为波尔多市市长。1562年他皈依天主教；1572年在他父亲死后才开始撰写《随笔集》。他熟读古代大家如普鲁塔克、塞涅卡、塔西佗等人的著作，在作品中大量引用，作为他的思辨和怀疑论的佐证。他在出版了《随笔集》的前两部之后，便游历意大利和德国，因此在他随后的随笔中又添进了许多旅游见闻。1585年蒙田的故乡鼠疫盛行，蒙田被迫暂时离开他的城堡，1587年他重回旧居续写他的随笔。在这期间，蒙田结识了对他狂热崇拜的德·古内小姐，他俩之间的关系一直维持到作家逝世。蒙田晚年在政治上效忠法国国王亨利四世，国王也曾到他的城堡作客数次。1578年蒙田的肾结石发作，影响了他的写作，我们今天所见的《蒙田随笔全集》是由德·古内小姐在他生前出版的随笔集的基础上，根据他在笔记上写下的大量注释和增添内容集结而成的。蒙田自1572年开始，直至他逝世的1592年，在长达20年的岁月中，他一直断断续续地在写他的随笔。他以对人生的特殊感受力，记录了自己在智力和精神上的发展历程，为后代留下了极其宝贵的精神财富。在此期间，随着作者思想的不断发展、变化，作品的内容也陆续加以修改与补充。他行文如水银泻地，飘忽不定，变化多彩，所以他的散文内容庞杂纷繁，经常从一个主题跳到另一个主题，枝蔓丛生，标题也常常与内容不大相干，仿佛作者漫不经心一挥而就似的。他的主要著作有《论文》三卷，其中论述教育、学校和教师的文章有《论学究气》和《论儿童的教育》等。

↑米歇尔·埃凯姆·蒙田像

::内容提要

　　《蒙田随笔》全书朴实无华，作者摈弃了当时颇为流行的华丽堆砌的写作手法，直接采用单线条的咏叹与勾勒，陈述自己对于自身个体、人类生活方式与现实世界等重大问题的思考，循序渐进地将读者引入一泓恬淡清澈的湖水之中。

原作共分三卷，其中第一卷收录作品57篇，内容短小精悍。其余两卷内容不等，分别是13篇与37篇。法文版的《蒙田散文》主要按两种方式编排：第一种是按作者写作的先后顺序依次排列，第二种是将内容相关的部分集中起来。

↑诗人的灵感　法国　普桑

蒙田的思想学说多来自于自己独到的思索，而他又把这一思索扩大为对人的描述，扩大为一种真实性、自我承认和宽容的伦理学。他在《随笔集》中写道："既然我的思想在漫游，所以我的文体也是如此。"

今天我们所见到的《蒙田随笔》共分两部分：第一部分22篇，第二部分5篇。主要内容包括以下三个方面：1. 作者所感觉的自我，2. 他所体会的人类的生活方式和思想感情，3. 他所理解的现实世界。下面重点介绍第二部的5篇文章。

在《众师之师》中，作者认为古希腊哲学家苏格拉底是"众师之师"，因为他认识到"我一无所知"。认识世界是从认识自己无知开始的，在阿波罗神庙的门楣上就镂刻着"人人应有自知之明"的名言，可见刚愎自用与固执己见是愚蠢无知的鲜明标志。在日常生活中，

经典摘录

● 只有乐生的人才能真正不感到死的苦恼。
● 贪婪起源于富裕，而不是贫困。
● 灵魂才是自己的幸与不幸的唯一主宰。
● 哲学的任务是培养我们的智慧。
● 独一无二的、至高的友谊压倒一切另外的义务。

背景提示

蒙田生活在法国封建制度解体的时代，各种哲学思潮流行。蒙田在哲学上是个怀疑论者，反对封建文化和封建专制，对旧的信条失去信心而对新事物又缺乏热情。蒙田对当时流行的狭隘人文主义教育进行了嘲讽和批判，他指责学究气的人文主义者以空洞的、死板的书本上的东西去填塞儿童的记忆，这种教育所培养的只是迂腐的学究，而不是在各方面都得到发展的有文化修养的绅士。

↑晚钟 法国 米勒

蒙田在随笔集中说："如果没有一定的主意占据心灵，把它约束住，它必定无目标漂流……灵魂没有目标，它就会丧失自己。"米勒这幅《晚钟》与蒙田的想法不谋而合。听到远方教堂晚钟响起，田地里的农民夫妇丢掉手中农活默默祈祷。在米勒看来，信仰就是"追求道德"、"向善"。

我们要善于区分两种情况：一是"走自己的路，休管别人议论"，一是"固执己见、自以为是"。

在《论不同的方法可以收到同样的效果》中，作者指出："当我们所冒犯的人手操我们的生死大权，可以任意报复时，最普遍的感化他们的方法自然就是投降以引起他们的怜恤和悲悯。可是相反的方法，勇敢与刚毅，有时也可以收到同样的效果。"

他在书中总结道："恻隐而动心，是温柔、驯良和软弱的标志，由勇敢神圣影响而起尊敬之心，则是一种倔强不挠的灵魂的标志，他们都崇尚大丈夫的刚毅气概。……对于比较狭隘的灵魂，钦羡与惊异亦可以发生同样的效力。"他告诫人们在危急时刻，应随机应变，区别对待各种险情。

在《论闲逸》中，作者以为："如果没有一定的主意占据心灵，把它约束住，它必定无目标到处漂流，入于幻想的空泛境域里。灵魂没有目标，它就会丧失自己。"从中可以看出蒙田是反对虚无主义的，提倡人是应该有点精神的，即使在闲逸时，也不可使灵魂丧失目标，否则，最终会导致"产生无数妖魔与怪物，无次序、无目的，一个个接踵而来"。

在《热爱生命》中，作者认定"生活乐趣的大小取决于我们对生活的关心程

相关链接

蒙田的教育思想非常著名，在《论学究气》、《论儿童的教育》和《论父亲对其子女的爱》诸篇中，集中体现了他的教育主张。他认为人生最困难与最重要的学问，当属对儿童的养育和教育，认为教育在于培养健全有用、富有知识、能充分理解人生意义的人，他要求培养儿童的思考力、判断力和理解力。他主张启发式教学法，尽可能发展儿童的积极主动性和好奇心，注重体育教育，强调实用知识的重要性。蒙田和拉伯雷的教育思想被称为16世纪的现实主义教育思想，具有相当突出的意义。

伏尔泰和狄德罗认为他的作品反映作者"明哲善辩","精于心理分析",他的"文风简朴流畅,朗朗上口"。

叶蓓先生在《正襟危坐读随笔》中说:"读一读《蒙田随笔全集》,才知道随笔也不是随便写的。作为一个爱读随笔的普通读者,我斗胆想建议我们的随笔作者随时翻阅一下蒙田随笔,写出点提神的东西来,写出点有趣得让人正襟危坐的东西来。"

季羡林在《漫谈散文》中说:"蒙田的《随笔》确给人以率意而行的印象。我个人认为在思想内容方面,蒙田是极其深刻的,但在艺术性方面,他却是不足法的。与其说蒙田是一个散文家,不如说他是一个哲学家或思想家。"

度",而不是任何外物的影响。只有自己才是生命的主宰,因为"我们的生命是自然的恩赐,它是优越无比的。如果我们觉得不堪生之重压或虚度此生,那也只能怪我们自己"。尽管作者当时身患重病,但他并没有沉沦气馁,而是采取积极乐观的人生态度去拥抱生命,感受生活的乐趣。最后,作者引用罗马哲学家塞内卡的话指出:"糊涂的人一生枯燥无味,躁动不安,却将全部希望寄托于来世",希望后来者从一开始就做一个明白人。

在《论死后才能断定我们的幸福》中,作者引用苏龙的警告:"人世变幻无常,只要轻轻一动,便可能面目全非,前后迥异。"在感叹生命的变幻无常之外,他给自己定义"幸福"的标准是:"希望我可以善终,就是说,安然逝去,不声不响。"一个人无论生命怎样美丽辉煌,地位、权力与财富对他来说只不过是一件偶然的附属品。在生命的末日来临时,重要的是问心无愧,安然逝去,才能称之为幸福,功过是非留与后人评说。

::作品评价

蒙田以博学著称。他对随笔体裁运用娴熟,开创了近代法国随笔式散文之先河。他的语言平易通畅,不加雕饰,文章写得亲切活泼,妙趣横生。全书充满了作者对人类情感的冷静观察。《蒙田随笔集》于1580年—1588年分三卷在法国先后出版。自此以后,他的作品就再也没有绝版过。到今天,世界上所有的书面语言都可以读到它。它与《培根人生论》、《帕斯卡尔思想录》一起,被人们誉为欧洲近代哲理散文三大经典。

英国经验唯物主义的开山之作

新工具

英国／弗兰西斯·培根

■作者介绍

　　弗兰西斯·培根（Francis Bacon,1561 年—1626 年）是英国著名的唯物主义哲学家和科学家。他在文艺复兴时期的巨人中被尊称为哲学史和科学史上划时代的人物。培根出生于英国伦敦一个官宦世家，父亲尼古拉·培根是伊丽莎白女王的掌玺大臣，曾在剑桥大学攻读法律。母亲安尼是一位颇有名气的才女。良好的家庭教育使培根成熟较早，各方面都表现出异乎寻常的才智。12 岁时，培根被送入剑桥大学深造。在校学习期间，他对传统的观念和信仰产生了怀疑，开始独自思考社会和人生的真谛。在剑桥大学学习三年后，培根作为英国驻法大使埃米阿斯·鲍莱爵士的随员来到了法国，在旅居巴黎两年半的时间里，他几乎走遍了整个法国，接触到不少的新鲜事物，汲取了许多新的思想，这对他的世界观的形成起到了很大的作用。1579 年，培根的父亲突然病逝，培根的生活开始陷入贫困。在回国奔父丧之后，培根住进了葛莱法学院，一面攻读法律，一面四处谋求职位。1582 年，他终于取得了律师资格，1584 年当选为国会议员，1589 年，成为法院出缺后的书记。培根决心要把脱离实际、脱离自然的一切知识加以改革，把经验观察、事实依据、实践效果引入认识论。1602 年詹姆士一世继王位，由于培根曾力主英苏格兰与英格

兰的合并，受到詹姆士的大力赞赏。培根因此平步青云。1602 年受封为爵士，1604 年被任命为詹姆士的顾问，1607 年被任命为副检察长，1613 年被委任为首席检察官，1616 年被任命为枢密院顾问，1617 年提升为掌玺大臣，1618 年晋升为英格兰的大陆官，授封为维鲁兰男爵，1621 年又授封为奥尔本斯子爵。但培根的才能和志趣不在国务活动上，而在于对科学真理的探求上。这一时期，他在学术研究上取得了巨大的成果。并出版了多部著作。1621 年，培根被国会指控贪污受贿，被高级法庭判处罚金四万磅，监禁于伦敦塔内，终生逐出宫廷，不得任议员和官职。虽然后来罚金和监禁皆被豁免，但培根却因此而身败名裂。从此培根不理政事，开始专心从事理论著述，于 1626 年 4 月 9 日清晨病逝。

↑弗兰西斯·培根画像

::内容提要

　　《新工具》一书论述了其逻辑（"解释自然的艺术"）与传统逻辑（主要是亚里士多德逻辑）的区别，对传统逻辑进行了批判，提出了"四种假象"的独特思想，

正确全面阐述了他的归纳思想。《新工具》一书的主要思想是：认识自然界不能靠演绎法，而应靠归纳法。演绎法一开始就从极抽象的原理出发，不论它的演绎过程是多么的精巧，都不能帮助人们理解自然，它是一种不结果实的方法。归纳法则教导我们：一开始要从感官和特殊的东西出发，从中引出一些中间的、普遍的原理。归纳法是认识自然的科学的方法。培根认为当时的学术传统是贫乏的，原因在于学术与经验失去接触。他主张科学理论与科学技术相辅相成。他主张打破"偶像"，铲除各种偏见和幻想，他提出"真理是时间的女儿而不是权威的女儿"，对经院哲学进行了有力的攻击。

《新工具》一书分为两卷，第一卷主要讨论制定归纳法的原理。第二卷主要讨论收集事实的方法。在第一卷中，培根提出了他的"四假象"论。他认为阻碍我们认识自然、认识真理的情形有四种，将它们称为"四假象"。他还进一步揭露了人类认识产生谬误的根源，提出了著名的"四假象说"。他说这是在人心普遍发生的一种病理状态，而非在某情况下产生的迷惑与疑难。第一种是"种族的假象"，这是由于人的天性而引起的认识错误；第二种是"洞穴的假象"是个人由于性格、爱好、教育、环境而产生的认识中片面性的错误；第三种是"市场的假象"，即由于人们交往时语言概念的不确定产生的思维混乱。第四种是"剧场的假象"，这是指由于盲目迷信权威和传统而造成的错误认识。培根指出，经院哲学家就是利用四种假象来抹杀真理，制造谬误，从而给予了经院哲学沉重的打击。在第二卷中，培根提出了著名的"三表说"。他以对热的讨论为例，详细地讨论了收集整理经验事实，并从中得出一般原理的方法。他说我们应该把收集到的事实安排成三个表，

背景提示

培根生活的时代，自然科学已经从哲学怀抱中独立门户，并且获得了巨大发展的时代，是哲学家从基督教神学枷锁下逐渐解放出来的时代。培根对英国当时的科学和教育十分不满，所以他决心找出科学发现的新方法，也决心将逻辑改造为科学发现的新工具，并以此与亚里士多德《工具论》相抗衡。他的《新工具》一书由此诞生。

↑用抽气机里的鸟做实验

培根被人们尊称为科学史上划时代的人物，因为他向传统的从抽象原理出发的观点发难，把经验观察、事实依据、实践效果引入认识论，提倡通过实验得出科学的结论。

第一表是"本质和具有表"，收集一些肯定的实例，如具有"热"的性质的实例，像日光、火焰等；第二表是"差异表"或"接近中的缺乏表"，如一些与热的实例相似，但不具有热的实例，如月光等；第三表是"程度表"或"比较表"。他认为，在这三个表的基础上，通过积极的理性的工作，我们就可以得出关于"热"的性质的一般原理，即"热"是通过摩擦产生的。

从方法论的角度出发，培根讨论了三种理解自然的方法，即蚂蚁式的、蜘蛛式的和蜜蜂式的方法。他认为实验家像蚂蚁，只会采集和使用材料；推论家像蜘蛛，只凭自身的材料织网；上述这两种方法都把实验和理性分开来了，是不可取的方法。真正的哲学应该把二者结合起来；像蜜蜂那样从花朵上采集花粉，又以自身的能力将其消化。

培根的科学方法观以实验定性和归纳为主。他继承和发展了古代关于物质是万物本源的思想，认为世界是由物质构成的，物质具有运动的特性，运动是物质的属性。培根从唯物论立场出发，指出科学的任务在于认识自然界及其规律。

∷作品评价

《新工具》第一次从根本上批判了当时占统治地位的唯心思辨的经院哲学，立足于近代科学，继承和发展了古代自然哲学的唯物论传统，从而确立了自然界和经验在哲学中的崇高地位，开了英国经验唯物主义的先河。《新工具》尽管带有不少形而上学的色彩，但它确实是具有划时代意义和深远影响的著作。《新工具》对亚里士多德逻辑的批评，以及他所强调归纳而忽视演绎是片面的，但他的归纳法思想在逻辑史上是有重要地位和影响的。

名家汇评

罗素尊称培根为"给科学研究程序进行逻辑组织化的先驱"。

马克思称他是"英国唯物主义和整个现代实验科学的真正始祖"。

为近代教育体系建立了一个基本框架

大教学论

捷克／扬·阿姆斯·夸美纽斯

■作者介绍

　　扬·阿姆斯·夸美纽斯（Johann Amos Comenius，1592年—1670年）是捷克伟大的教育学家。1628年，夸美纽斯被迫率领兄弟会的三万会员逃离祖国，定居于波兰的黎撒。在这里，他担任兄弟会的文科中学校长14年，并先后撰写了《母育学校》(1628～1630)、《语言学入门》(1631)、《大教学论》(1632)等教育理论著作和教科书。从17世纪30年代初开始，他从事"泛智"的研究。所谓"泛智"，是一种百科全书式的能为一切人所掌握的各种自然和社会知识的大全。1642年，他应瑞典政府邀请，去编写拉丁文教科书和教学参考书，前后达六年之久。1650年，他又应邀到匈牙利，受聘担任沙洛斯－波托克地方的长年教育顾问，并创建一所"泛智学校"，以实验他的泛智教育思想。这几年他的主要著作有《世界图解》、《泛智学校》、《论天赋才能的培养》等。《世界图解》是儿童看图识字课本，此书被译成欧亚各国十几种文字，保持其教科书地位近二百年。1654年，夸美纽斯再返黎撒，两年后黎撒毁于战火，他的住宅和书稿被焚。最后，他定居于荷兰的阿姆斯特丹，并从1657年起在此出版他的《教育论著全集》。他于1644年至1645年间开始撰写、最终未能完成的七卷巨著《人类事务改进通论》，这是一部综合性理论著作；其中第一、二卷于1666年在阿姆斯特丹发表，其他五卷的手稿于1934年才被发现。1670年11月，夸美纽斯逝世，终年78岁。

::内容提要

　　夸美纽斯花了5年的时间，修改并补充了捷克文《大教学论》的初稿，改写成当时学术界通用的国际语拉丁文，并冠之以《大教学论》的书名。此书从书名上看像是一部关于教学理论的著作，实际上远远超出了教学论的范围，可以称作是夸美纽斯改革旧教育的全面方案。在此书中，他论述了教育的目的、任务、作用；

↑扬·阿姆斯·夸美纽斯像

作为捷克最著名的教育理论家和实践家，夸美纽斯的教育理论在全球都产生了很大的影响，他的《大教学论》中译本1938年由中国商务印书馆出版，译为《大教授学》。

● 教学中的一条金科玉律就是：在可能的范围内，一切事物都应该放在感官之前。

● 这些不同的学科不是要求研究不同的学科，而是要用不同的方法去学习同样的学科。

● 对于母育学校学习的另一种帮助是一本应当直接放到儿童手里的图画书。

教育的根本原理；教学的原则、内容、方法；分科教学法；德育；宗教教育；体育；学制及学校管理等教育学的基本内容。

全书共33章，可以划分为6个部分：

1. 总论。第1章至第14章，讨论人生的目的，教育的目的、任务、效能、重要性、普及教育的意义、旧教育的缺陷、教育改革的必要性、探索教育、教学普遍规律以及教学理论的根本指导思想。本书卷首先明确指出，作者写作此书的目的就是为了实现青年时代的理想，即"寻求并找出一种教学的方法，使教员因此可以少教，但是学生可以多学；使学校因此减少喧闹、厌恶和无益的苦劳，多具休闲、快乐和坚实的进步；并使基督教的社会因此可以减少黑暗、烦恼、倾轧，增加光明、整饬、和平与宁静。"作者把教育青年看作是对国家最伟大的贡献。夸美纽斯深信人接受教育的可能性，人是自然能获得一种关于万物的知识的。他认为人心的能量是无限的，它上天入地，无所不至，它能测度一切，领悟一切；另一方面，教育为人人所必需。凡生而为人的人都有受教育的必要，因为他们既然是人，就不应当成为无理性的兽类。人的教育应当尽早开始，因为在人身上唯一能够持久的东西就是从少年时期吸收得来的知识。学校是人接受教育的最合适的地方。

2. 体育。第15章。夸美纽斯一反传统，论述了延长生命，爱惜生命保持身体健康的观点，这是对禁欲主义的摒弃。

3. 教学论。第16至第22章，这一部分是此书的精华所在，他讨论了教学的根本指导原则；自然适应性；各种教学原则、规则和方法、教学的组织形式、班级授课制以及各种学科教学法。作者认为，在自然社会和人类的活动中存在着普遍规律，一切好的教育、教学原则、规则、方法，都受这种普遍规律的支配，人们必须服从（或适应）这种普遍规律，这就是自然适应性。夸美纽斯大力提倡班级教学制的传播。作者以唯物主义感觉论的认识为基础，论证了直观教学的理论依据和实施细则。作者对感觉经验高度评价，指出知识的开端永远来自感官，所以智慧的开端在于真正知觉事物本身。在接触实际事物时，应强调事物之间的区别。

4.德育论。第23至第26章。在关于道德教育部分，有两点值得注意：(1)在夸美纽斯看来，世俗道德的培养已

↑夸美纽斯在书中提出他写《大教学论》的目的主要在于"寻求并找出一种（新的）教学方法"，建立了一个比较完整的教育体系，为近代教育体系建立了一个基本框架。

从宗教教育中解放、分离出来，成为独立的组成部分，直到19世纪，道德教育才取代宗教教育而占据了学校中的主导地位；(2)夸美纽斯十分重视学校的纪律。

5.学制系统及各级学校的课程设置。第27至第31章。夸美纽斯建议的新学制的特点是：(1)它是历史上第一次提出的最系统、最完整的学制，包括学前教育、初等教育、中等教育和大学（各六年）；(2)学前教育的地位得到肯定，并纳入学制；(3)小学教育年限延长；(4)普及教育思想；(5)保证普及教育的实施，必先普设学校；(6)国语学校位于拉丁语学校之前；(7)各级学校的课程按统一的要求，作圆周式的排列，即由浅入深的排列；(8)课程计划大大超过了《圣经》、《教义问答》、"七艺"的狭隘范围。

6.结论。最后两章，论述了这个教育改革的优越性和可能性，呼吁各界人士支持本计划的实施。

::作品评价

此书在夸美纽斯所有著作中占有特殊的地位，奠定了夸美纽斯的教育观及其全部教育活动的基础。夸美纽斯提出的课程全面、新颖、宽广，令人耳目一新，富有改革、创新的意义。夸美纽斯在历史上第一次提出了建立"学校之学校"或"教学法学院"的大胆设想，这是后世的师范学校的雏形。17世纪的"奇想"，300年后已成了世界各国普遍的事实。

西方近代第一部系统阐述国家学的经典著作

利维坦

英国／托马斯·霍布斯

■作者介绍

托马斯·霍布斯（Thomas Hobbes，1588年—1679年）是英国17世纪继培根之后的杰出唯物主义哲学家和政治思想家。他出生于英国南部威尔特郡的马尔麦斯堡镇的一个国教会的家庭里，他的父亲生活放荡，性格暴躁，母亲是农妇。15岁时霍布斯进入牛津大学学习古典哲学与逻辑学。1607年，大学毕业，取得学士学位，开始讲授逻辑学。一年后，当上贵族的家庭教师，这一工作使得他周游西欧列国并结交学术界名人，阅读大量书籍，从事科学研究。1621年以后的几年，他还担任过大哲学家弗兰西斯·培根的秘书。英国革命爆发前夕，他随同贵族流亡到法国，在法国期间，他主要从事科学与哲学研究。他曾和大陆唯理论的代表笛卡儿进行过著名的哲学论辩。1651年，霍布斯出版《利维坦》一书，遭到了保皇党人的谴责，认为他在书中传播了唯物论和无神论的思想。因而霍布斯返回祖国，向当时的克伦威尔政权表示归顺。斯图亚特王朝复辟时，国王有意授霍布斯一官半职，却遭到了教会的反对，教会还把当时伦敦流行瘟疫的原因加在霍布斯身上，说是他的无神论思想惹怒了上帝所招来的惩罚的结果。1675年他离开伦敦，在哈特斯渥司和哈得威克生活四年，直至逝世，终年91岁。霍布斯的著作除了《利维坦》外，还有《论物体》、《论人》、《论公民》、《猂希莫特》等。

↑托马斯·霍布斯像

托马斯·霍布斯像被世人誉为"近代唯物主义第一人"。

::内容提要

《利维坦》的中心内容是依据自然法和社会契约论，论述国家的起源和本质，论证资产阶级的君主专制主义和中央集权主义。但作者认为，国家是一种"人造物体"，是模仿"自然人"而创造出来的。因此，作者在论述国家之前，先对人本身做了说明。他认为，人和其他"自然物体"一样服从统一的机械运动规律。他正是依据这种机械论的观点，去解释人的生理活动、心理活动、道德现象，并进一步说明国家。这就是贯穿全书的基本线索。从这个意义上说，《利维坦》也是一部重要哲学著作。全书除序言外，分四个部分。

第一部分《论人类》，他在这里论证了关于人的学说应该是整个社会政治学说的基础，还讨论了知识的起源、情感和欲望以及自然法等问题。他认为，当外界物体作用于人的感官，有助于人的生命运动时，就会引起喜爱和快乐的感情；反之，就会产生厌恶和痛苦的感情。前者被称为善，后者被称为恶。最大的善是保全生命，而最大的恶则是死亡。由此，他断言：人的本性是自我保存，趋乐避苦，永无休止地追求个人利益。自我保存是人类一切活动的根本法则和动力。作者认为，在国家产生之前，人类生活在自然状态中。那时，人们是自由、平等的，每个人都按照自己的本性而生活。人们为了追求利益、安全和名誉而相互争夺、相互残杀，从而导致人人相互为敌的战争状态。作者指出，要求保存自己和对死亡的恐惧，使人们产生了寻求和平、摆脱战争状态的愿望。而人类的理性所发现的自然法，则为摆脱自然状态提供了可能性。自然法有很多内容，但最根本的有两条：一是寻求和平，信守和平，每个人竭尽全力来保卫自己；二是自愿放弃占有一切事物的权利，做到己所不欲，勿施于人。

第二部分《论国家》，主要论述他的国家学说，阐释了国家的起源和定义，即人类是如何由自然状态向社会状态转化的。随后他还论及统治者的权力、君主专制制度的合理性等问题，这是全书

↑《利维坦》初版扉页

《利维坦》全名《利维坦或物质形式和教会的、世俗的国家权力》，1651 年在英国伦敦出版，中译本是根据伦敦登特父子出版公司 1957 年版译，商务印书馆 1985 年出版。

背景提示

霍布斯生活的年代正是欧洲实验自然科学和哲学思想蓬勃发展、英国政治变动最剧烈的时期，以伽利略为代表的当代数学、力学的发展，和克伦威尔所领导的英国资产阶级革命是霍布斯哲学思想形成的重要历史背景。

↑查理一世被处死

公元 1649 年 1 月 27 日，英国国王查理一世被斩首，从此英国废除君主制，1690 年建立君主立宪制，英国走上资本主义发展的道路，成为当时头号资本主义强国。

的主体。他认为，自然法是人们必须遵守的行为准则，但它只具有道德上的、内在的约束力。而人的本性又是自私的。在这种情况下，如果没有一个强有力的公共权力，自然法就无法实施，人们的和平和安全就没有保障。于是，人们便基于自然法相互订立契约，自愿放弃每个人的自然权利，把它交付给某一个人或由一些人所组成的会议。这样联合在一个人格中的人群就叫作国家。国家是掌握所有权力和力量的公共权力，是担当大家的人格的"普遍的人格"。作者认为，国家统治者拥有至高无上的、无所不包的绝对权力，他把国家政体分为君主政体、民主政体、贵族政体。不论采取哪一种政体，人民都必须绝对服从。但君主政体具有更多的合理性和优越性。它集立法、司法、行政、军事、外交等权力于君主一人，这就可以保证人民的服从，有利于维护国家的和平和统一。因此，君主政体是最好

经典摘录

● 由这种能力上的平等出发，就产生达到目的的希望的平等。因此，任何两个人如果想取得同一东西而又不能同时享用时，彼此就会成为仇敌。他们的目的主要是自我保全，有时则只是为了自己的欢乐；在达到这一目的的过程中，彼此都力图摧毁或征服对方。

的政体。作者认为，国家的法律是统治者制定和颁布的"命令"，是所有公民都必须遵守的行为规则。统治者为了维护国家的和平，保障人民的安全，必须用法律来约束人民的行为。任何犯法律之所禁或不为法律之所令的行为都是犯罪行为，而犯罪必须受到惩罚。作者指出，

所有的人都是生而自由的。但在国家建
立之后，人们的自由并不是免除法律的
自由，而是在法律未加规定的那些方面
的自由。这些自由主要指经济生活方面
的自由，如个人之间的买卖，订立契约，
选择衣食住行、职业，教育子女等等。

他把这些自由看成是人民的一项基本权利。人民享有这些自由并不影响统治者的
权威，国家主权也不会被取消或受到限制。霍布斯强调，人民最根本的自由是享
有"自我保存"的自然权利。对于这种权利，人民不可放弃和转让，统治者也不
得侵犯和剥夺，否则，人民就有拒绝服从以至抵抗的自由。最后，霍布斯根据自
然法和人们建立国家的目的，提出了统治者最根本的职责，即维护社会的和平，保
护人民的安全。同时，他还为统治者提出了一些治国安民的措施和方案：统治者必
须保护好自己的权力；确定和保护人民的私有财产权；制定良好的法律，公平执法，
正确实行赏罚等。霍布斯认为，一旦统治者不能履行自己的职责时，人民就可以解
除对统治者服从的义务，寻求新的保护。

第三部分《论基督教体系的国家》，这里涉及的是西方社会特有的而且长期
存在的一个问题，即教权与王权的问题。在此他讨论了宗教的起源、《圣经》的
历史发展以及各种宗教教义与仪式在《圣经》中的意义、古代祭司与世俗君主的
关系等问题。

第四部分《论黑暗的王国》，即罗马教会统治下的王国，在此他斥责了教
皇和僧侣们的腐化堕落、贪得无厌和愚昧无知，这就极大地激怒了各国的天主
教会。

::作品评价

《利维坦》是西方近代第一部系统阐述国家学说的经典著作，在西方政治思
想史上具有划时代的意义。《利维坦》中所阐述的人性论、自然法理论、社会契约论、
国家学说，不仅对当时英国资产阶级确立政治统治，而且对西方近现代资产阶级
政治思想的发展都产生了重要而深刻的影响。这部著作中所提出的一些思想，如
关于国家目的和个人自由的思想等，在今天仍具有现实意义，值得我们研究和借鉴。

理性主义形而上学体系的代表作品

伦理学

荷兰／别涅狄克特·德·斯宾诺莎

■作者介绍

别涅狄克特·德·斯宾诺莎（Benedict de Spinoza，1632年—1677年），荷兰犹太人，是荷兰17世纪著名的哲学家。他出生在荷兰的一个犹太商人家庭，1639—1645年时进入培养拉比的宗教学校，被视为犹太教的希望——"希伯来之光"。毕业后经营商业，1652年进拉丁文学校学习拉丁文，兼授数学、希伯来语。1656年，阿姆斯特丹的犹太人公会永久性地革除了斯宾诺莎的教籍，因为他发布异端邪说，公开地对《圣经》中记述的历史表示质疑。斯宾诺莎富庶的家庭随后也因此宣布剥夺其继承权，当时的他只有24岁。斯宾诺莎移居到阿姆斯特丹等地，以磨制镜片为生，在艰难的生活条件下，他仍然坚持哲学和科学的研究。1660年，斯宾诺莎迁居莱茵斯堡后，他以通信方式组建了一个哲学学习小组。1662年他给莱登大学神学系一个学生讲授笛卡儿哲学，讲义后来辑录成书。他的思想通过通信方式传播到欧洲各地，赢得人们的尊敬，普鲁士曾邀请他到海德堡大学任哲学教授，被他谢绝。这样的遭遇反而使他可以潜心思考哲学问题，1660年—1675年，斯宾诺莎用近15年的时间完成了他的《伦理学》和《神学政治论》、《政治论》等代表性的著作，并和笛卡儿一样，于两年后因肺病过早地离开了人世。斯宾诺莎的一生思想自由、品德高尚，是哲学家的榜样。他的主要著作有《笛卡儿哲学原理》、《神学政治论》、《伦理学》、《知性改进论》等。

↑斯宾诺莎像
斯宾诺莎是一个唯理性主义者，哲学史上最完善的形而上学体系之一的创建人。

::内容提要

《伦理学》原名是《用几何学方法作论证的伦理学》，全书由五个部分组成，分别讨论了上帝、自然、心灵的起源、情感以及人类的奴役和自由问题。每部

> **经典摘录**
>
> ● 只要精神在理性的指示下理解事物，无论观念是现在事物、过去事物或未来事物的观念，精神有同等感动。

分中有界说和公则或公设，公则或公设下设有诸多命题，各个命题后有证明，有些还有附释和绎理，全书的结构完全是几何证明式的。

本书从论述神的本性开始。在斯宾诺莎的哲学中，神、实体和自然这三个术语的含义是一样的，神即自然，即实体。神是唯一的、无限的，其本质就包含着它的存在。实体是自因，即自己是自己存在的原因和根据，它不需要别的东西来说明其存在。不仅如此，神是万物的自由因，万物的存在以神为根据，预先为神所决定。任何别的方面的知识的获得都要以对神的认识为前提。

↑觉醒

斯宾诺莎在《伦理学》中指出受理性支配的人是自由的，受情感支配的人是不自由的。画家威廉姆·霍曼·亨特这幅名为《觉醒》的作品描述了偷情男女中的女子猛然觉醒到自己道德的堕落，挣脱着从情人的怀抱中起来。画家着力表现女子因美好事物而觉醒的瞬间正是斯宾诺莎所说的受理性支配的情感。

在《伦理学》第二卷中，斯宾诺莎讨论了心灵的起源和本质问题。心灵虽然是实体的无限属性之一种，但是对道德行为来说是极为重要的。与传统思想否认自然界的完满性不同，斯宾诺莎认为所有的东西都是上帝的部分，都是完满的。

关于人的奴役和自由问题，斯宾诺莎指出他的目的是使人摆脱奴役状态，从被动的情感的束缚中解脱出来，在理性的指导下自由地生活。人的自由的获得需要两方面的努力，一是认识神的本性的必然性，二是使情感服从理性的支配。受情感支配的人是被动的，受理性支配的人是自由的。真正的理性生活需要对神的理智的爱，需要对神有真正的知识。心灵最高的善，即至善，是对神的认识和追求。对感官享乐和名利的追求不是对真正的善的追求。

斯宾诺莎的哲学系统的根本原则可以归结为如下三条：1. 一切事物不是在自身内，就必定是在他物内；一切事物如果不能通过他物而被认识，就必定是通过自身而被认识。这可以叫作本体论——认识论的存在原则。2. 如果有确定的原因，则必定有结果相随，反之，如果有确定的结果，必定有原因存在；认识结果有赖于认识原因，结果的知识包括原因的知识。这可以叫作本体论——认识论的因果原则。3. 凡两个东西之间

背景提示

斯宾诺莎所处的17世纪，正是欧洲封建制度走向瓦解，资本主义制度逐渐成长的时候。他的祖国荷兰已经经历了资产阶级革命，建立了资产阶级国家。欧洲新兴资产阶级思想家对封建主义和宗教神学进行了有力的批判，已经产生出以培根、霍布斯、笛卡儿为代表的一批先进思想的代表人物。斯宾诺莎的《伦理学》就是在这种社会环境和文化氛围中应运而生的。

无相互共同之点，则一个东西不能为另一个东西的原因，这个东西不能借那个东西而被理解，这可以叫作本体论——认识论的关系原则。根据这三条本体论——认识论平行原则，斯宾诺莎研讨神、人和人的幸福等问题。在论神中，斯宾诺莎首先把神理解为绝对无限的存在，亦即具有无限多属性的东西，其中每一属性各表现永恒无限的本质。他认为神是必然存在的，因为之所以存在的理由或原因不是在神的本性之内，就必定在神的本性之外。神是唯一的，除神之外，不能有任何实体，也不能设想任何实体，神是万物的自由因，神是永恒的。斯宾诺莎认为万物都预先为神所决定，但并不是为神的自由意志或绝对善意所决定，而是为神的绝对本性或无限力量所决定。

　　斯宾诺莎伦理学的根本出发点是，人是一种特定的有限样态，是自然的一部分。因此，正当的人类生活方式、行为规范奠基于对如下问题的正确理解：情感的源泉、性质和类别，情感的奴役力量、理智的自由力量。一切有限样态的现实本质都是努力，人的现实本质体现为不同层次的努力：意志、冲动和欲望。情感源于欲望，情感是这样的身体情状及其观念，它们使人的身体竭力保持自己存在的力量得以增加或减少，促进或阻碍。情感有主动和被动之分，区分标准是情感的原因。人自身力量是弱小的，必然受制于情感，顺应自然本性的需要，满足外在物体的存在本性之所求，这使人在意志、克服情感时无能为力，这就是情感的奴役力量，而理智却能克服情感的奴役力量，使人达到心灵的幸福和自由的起点。如果拥有正确的知识、必然的知识、全面的知识，心灵具有理智的力量，尤其是自觉地获得了关于神的永恒的彻底得知，那么就是自由人，自由人的本性就在于他自身的存在力量处于神之中。斯宾诺莎从"努力"出发相应于人的知识的不同阶段思考人自身的存在状态，将人的存在状态分为奴隶时代、理智时代和神性时代。

∷作品评价

　　在西方伦理学史上，斯宾诺莎不仅因其思想的深邃而著名，也因其人格的高尚而被称颂。他的伦理学意在让人以认识真理为天职，认识真理与实践道德相一致。他的一生正是追求真理与道德的一个范例。尽管斯宾诺莎的伦理学没有超出历史唯心主义的局限，但其在历史上的进步性是毋庸置疑的。

近代科学的奠基之作

自然哲学的数学原理

英国／艾萨克·牛顿

■作者介绍

艾萨克·牛顿（Isaac Newton，1643年—1727年），英国著名的科学家。牛顿出生在英格兰林肯郡小镇沃尔索浦的一个自耕农家庭里，他出生前三个月父亲便去世了。大约从5岁开始，牛顿被送到公立学校读书。1661年，19岁的牛顿以减费生的身份进入剑桥大学三一学院，1665年获学士学位。这一年内，牛顿开始想到研究重力问题，并想把重力理论推广到月球的运动轨道上去。他还从开普勒定律中推导出使行星保持在它们的轨道上的力必定与它们到旋转中心的距离平方成反比。1667年，26岁的牛顿晋升为数学教授，并担任卢卡斯讲座的教授。1707年，牛顿的代数讲义经整理后出版，定名为《普遍算术》。他在1736年出版的《解析几何》中引入了曲率中心，给出密切线圆（或称曲线圆）概念，提出曲率公式及计算曲线的曲率方法，并将自己的许多研究成果总结成专论《三次曲线枚举》，于1704年发表。此外，他的数学工作还涉及数值分析、概率论和初等数论等众多领域。公元1668年，他制成了第一架反射望远镜样机，公元1671年，牛顿把经过改进的反射望远镜献给了皇家学会，因此名声大振，并被选为皇家学会会员。随着科学声誉的提高，牛顿的政治地位也得到了提升。1689年，他被选为国会中的大学代表。作为国会议员，牛顿逐渐开始疏远给他带来巨大成就的科学。晚年的牛顿开始致力于对神学的研究，他否定哲学的指导作用，虔诚地相信上帝，埋头于写以神学为题材的著作。1727年3月20日，艾萨克·牛顿逝世。同其他很多杰出的英国人一样，他被埋葬在了威斯敏斯特教堂。

↑艾萨克·牛顿像

::内容提要

《自然哲学的数学原理》（简称《原理》）第1版问世，距1664年牛顿开始思考并进行草算已23年。《原理》第2版于1713年出版，第3版于1725年出版。《原理》原用拉丁文写成。牛顿逝世后2年由A.莫特译成英文付印，即今所见的流行的《原理》英文本。可以说，《原理》一书的中心内容是论述了牛顿在数学上的伟大创造即微积分术，并且应用这个创造去解决天体运动以及其他相关物理问题。《原理》第一编之前有两部分重要的论述。第一部分为定义。定义共8条，其中有关向心力的有5条。在第一编之前，除定义一章，还有公理或称运动定理一章。在这章里牛顿阐述著名的运动三定律。

一、关于引力定律：我们用引力解释天空和海洋的种种现象，但还没有指出这种力的本源。可以肯定的是，产生这种力的本源透入太阳和行星的中心时，力量没有丝毫减弱；不是根据它作用于其上的物质微粒的表观量的大小，而是根据他们所含有的坚实物质的量而发生作用，并且在所有方向上总是按距离平方反比减弱的规律向无穷远传播。太阳的引力是由组成太阳整体的各个微粒的引力所构成的。我们不妨进而来谈一下某种能渗透和隐匿在所有大块物体之中的极其微妙的"气精"（spirit）。由于这种气精的力和作用，近距离的物体微粒互相吸引，若彼此接触则互相黏合；带电物体作用到更远一些的距离，排斥或吸引其附近的微粒。由于气精的作用，光波发射、反射、折射、弯曲，并使物体发热。

二、关于行星系统的轨道：由于恒星相互之间是静止的，我们可以认为，太阳、地球和其他行星是一个在它们之间存在忽彼忽此各种运动的天体系统；所有天体的公共重心或者是静止的，或者是沿着直线匀速地向前运动，在后一种情况下，整个系统将同样沿着直线匀速地向前运动，太阳和木星的公共重心落在太阳表面上，即使全部行星都放到木星轨道的某一地方，太阳和全部行星的公共重心也不会从原有位置移到距太阳中心2倍远处；因此，虽然太阳受到的扰动随着行星位置的不同而不同，但总是以很慢的速度往复地晃动，迄今太阳离开了整个系统静止中心的距离从来未达到其本身直径那么远。行星围绕着受到扰动的太阳作椭圆轨道运动，从行星指向太阳的半径扫过的面积差不多与时间成正比。若太阳是静止的，且行星之间没有相互作用的话，则它们的轨道是椭圆的，半径扫过的面积将精确地与时间成正比。实际上，行星之间的相互作用比起太阳对行星的作用是微乎其微的，并不会产生明显的误差。如果太阳是静止的，而且行星之间没有相互作用，则它们轨道的远日点与交点同样是静止的，并且其椭圆轨道的长轴是它们周期平方的立方根，于是给出了周期也就给出了椭圆轨道的长轴。然而，由于太阳的运动，每个轨道的半长径将有所增加，其增加量大约是从太阳和行星公共

↑牛顿的办公桌

牛顿的一生都奉献给了他热爱的科学事业，在牛顿的墓碑上刻着如下墓志铭：艾萨克·牛顿爵士于此长眠。以自己发明的数学方法以及神一般的智慧揭示了行星的运动、彗星的轨迹、海洋的潮汐；探究了任何人也没有预想到的光的分解和色的本性；解释了自然和古代的事物。他以哲学证明了万能的神的伟大，他一生过着朴素的生活。这位值得赞美的人物，岂不是全人类的光荣。

重心到太阳中心的距离的 1/3，同时，由于外行星对内行星的作用，内行星的周期多少要被延长，虽然增加量几乎觉察不到，结果，它们的远日点也以很慢的速度移动，行星在绕太阳公转的同时，也带着其他天体如卫星绕行星本身转动。但是，由于太阳的作用，月球肯定要以较大的速度运行，这样就必定使其轨道曲率变小。

三、关于潮汐：由于太阳、月亮的相互吸引与周日运动，海洋每太阳日应两次上潮和两次下潮，而且最大潮将在每日的第6小时之前和前面一日的 12 小时后出现。由于周日运动的延缓，涨潮时间缩至第 12 小时；又由于往复运动的力，它被推迟至更靠近次日第 6 小时的时刻。虽然日月这两个天体产生的两种运动呈现不出明显的区别，但将构成某种混合运动。在天体冲和合时，它们的引力将结合在一起产生最大涨潮和落潮。又因为月球对潮汐的引力大于太阳的引力，潮水的最大高度将在第三太阳时左右出现。天体对潮汐的影响取决于它们离地球的近远，当它们距离较近影响较大，距离较远则影响较小，并且与它们的视直径的三次方成正比。因此，在冬季太阳位于近地点时，对地球有较大的效应；每个月，月球在近地点会产生比在 15 天前后即月亮在远地点时更大的潮水。

名家汇评

恩格斯对牛顿的成就在《英国状况十八世纪》中概括得最为完整："牛顿由于发现了万有引力定律而创立了科学的天文学，由于进行了光的分解而创立了科学的光学，由于创立了二项式定理和无限理论而创立了科学的数学，由于认识了力的本性而创立了科学的力学。"

牛顿的哲学思想和方法论体系被爱因斯坦赞为"理论物理学领域中每一工作者的纲领"。

以自然法学说说明国家起源和本质的范本

政府论

英国／约翰·洛克

■作者介绍

约翰·洛克（John Loke，1632年—1704年），17世纪英国哲学家、政治家和教育家。他出身于英格兰一个富裕的律师家庭。从小在父亲的启蒙下受教育，14岁进威斯敏斯特中学，1652年，20岁的洛克进入牛津大学的基督教会学院，学习哲学、物理、化学和医学。大学期间，他用大部分时间攻读笛卡儿、培根、霍布斯的哲学著作和牛顿的自然科学著作，同时钻研医学。毕业后，留校担任希腊文和修辞学的教学工作长达10年之久。1666年，洛克结识了艾希利勋爵（英国资产阶级革命时期辉格党领袖），做过艾希利的秘书、顾问和私人代表，深受其政治思想的影响。1683年，因逃避斯图亚特王朝的迫害，洛克随艾希利避居荷兰。1688年"光荣革命"后，返回英国并在新政府中担任职务。这种不平常的经历和社会关系，对洛克的世界观和政治态度产生了非常深刻的影响，也促使他成为新兴资产阶级的法律思想家。他的法律思想是为立宪君主制和相应的法律制度提供理论根据的。其主要著作有《论宽容异教的通信》(1689)、《政府论》(1689)和《人类理解论》(1690)等。

::内容提要

《政府论》分上、下篇，亦称《政府论两篇》。上篇共11章，着力于驳斥保皇派菲尔麦的君权神授、王位世袭和具有绝对性的论点，阐述洛克关于父权、政治权力和专制权力的理论，从而为资产阶级君主立宪制度的登台扫除异说。下篇共19章，正面论述政府的真正起源、范围和目的。

洛克的自然状态是一种完全自由平等的状态，它体现着一种文明秩序，在自然状态中，人人能够享有生活权、自由权和财产权，因为所有的人都服从、流行于这种状态中、表明理性统治的自然法。但是，生活在这种自然

↑约翰·洛克像

状态下的人借助契约设置了公共权力,结束了自然状态。缔结这种契约并不是因为这种自然状态在某一方面不可容忍了,而是因为人们最终发现了它的不便。人们发现如果没有能够确定和实施自然法,能够作为解决纠纷的公共法官这样正式的制度化权威,那么,每个人就会都把自己视为自然法的解释者,根据个人的判断惩罚别人,从而使自然状态几乎处于不稳定、混乱的地步。这时,人们感觉到自然状态的不便。为摆脱这种不便,人们缔结了契约,进入文明社会,这个社会有一个凌驾其上的公共的最高权威。他主张人们达成协议,进入文明社会,只是交出他们在自然状态下享有的、解释的执行自然法的权利。即契约生效之后,人们不再是诉讼的审判者,不能再决定什么是违法,不再有处罚他们认为违法的人的自然权威。人们把立法、司法、执法的一切权力授予拥有最高权力的政府,政府是这种文明社会的要害部分;但是,他们为自己保留了生活、自由和财产的自然权利,保护和尊重这延续权利是最高权力的责任。洛克的政府只是有限的政府,这种限制的条件是政府权威必须以保存人的生存、自由和财产的权利为目标。

↑克伦威尔像

1642 年,英国爆发内战,保王党与议会支持者争夺权利。1649年议会废除君主制,英格兰成为共和国,克伦威尔以"护国公"的身份统治国家。

人们可以在洛克的政治理论里发现三种基本因素。一是同意。不仅是在建立政府之初,而且也是控制人民服从政府的持久的条件。一旦人民确信政府不再保护他们的自然权利,他们就有权废黜政府。第二个因素是他主张政府绝没有无限的权威。政治权力必须受制于明确而特定的目的。政府只有忠诚地遵循这些目的,才有权接受服从。第三个是明确表示出对个人权利的关注。他主张,政治之所以必要乃因为它在保护个人权利上发挥着作用。他认为,国家当然是重要的,但这种重要性决不能以牺牲个人的独立性来保障。由此,洛克以他的社

背景提示

17世纪英国资产阶级革命在经历了近半个世纪阶级力量的反复较量及政权更替后,终以封建贵族与资产阶级和新贵族的妥协而走向资本主义。伴随着政治、经济和军事领域内激烈斗争的是思想理论界长久的分歧,以及各派代表人物针锋相对的论战。《政府论》几乎是这一论战的缩影。洛克在书中以严密的逻辑推演批判了代表王权利益的菲尔麦关于君权神授和王位世袭的主张,指出统治者的政治权力或权威并非源自于所谓亚当的个人统辖权和父权,而只能从自然法学说中得到解释。

↑威廉在英国西海岸登陆，受到资产阶级和新贵族的欢迎

1660 年英国斯图亚特王朝复辟。英国资产阶级和新贵族早年的革命性已不复存在，为了推翻复辟王朝他们寄希望于宫廷政变。1688 资产阶级请当时英王詹姆斯二世的女婿威廉拥兵入英逼宫。11 月初，威廉以保护"新教、自由、财产和国会"的名义，领兵入英。1689 年，詹姆斯二世被迫退位，资产阶级史学家把这次政变渲染为"光荣革命"。"光荣革命"确立了资产阶级的统治地位，巩固了英国革命成果，成为英国历史的转折点。

会契约论为基础，建立起其自由主义的堡垒。

　　在国家的形式上，洛克提出了立法至上的主张和权力分立的原则。他认为国家的权力分为立法权、行政权和对外权三种。这三种权力不是平行的，立法权高于其他两权，但立法权仍要受到限制和约束，即它对于人民的生命和财产不能是绝对的专断的，立法者的权力，"在最大范围内，以社会的公共福利为限。"最高权力不能侵犯财产权，立法机关不能把制定法律的权力转让给他人。立法、行政和对外这三种权力应由不同的机关分别掌握，不能集中在君主或政府手中，否则就会产生许多弊病。洛克主张行政权由国王行使，但要根据议会的决定；立法权应由民选的议会来行使；对外权与行政权联合在一起，都要由武力作后盾，所以对外权也应由国王来行使。

经典摘录

　　● 法律按其真正的含义而言与其说是限制还不如说是指导一个自由而有智慧的人去追求他的正当利益，它并不在受这法律约束的人们的一般福利范围之外做出规定。

::作品评价

《政府论》出版后，曾被译成多种文字，在世界范围内广为流传。其中所包含的政治法律思想不仅在当时的英国发挥过重大作用，直至19世纪末，英国的宪法还以其中的学说作为基础，而且给整个世界的资产阶级革命带来了深远的影响。美国的杰斐逊在起草《独立宣言》时，就努力从《政府论》中寻找理论根据；法国大革命后曾遵循其中的分权原则制定了宪法。该书对于资产阶级法律思想体系的形成，起了更为显著的作用，在西方法律思想史上占有重要地位。

↑英国国会大厦

1688年"光荣革命"使英国中央权力结构发生变化，原有君主制形式继承下来，国王继续享有决策权、行政权、大臣任免权等权力，但要在议会广泛限制的范围内行使，国家主权重心已倒向议会一边。此后国王逐渐退出内阁。从18世纪20年代到18世纪末，内阁制的各种基本原则渐渐确立，而国王则有名无实，英国君主立宪制得到完善。

"理性和自由的法典"

论法的精神

法国 / 查理·路易·孟德斯鸠

■作者介绍

查理·路易·孟德斯鸠 (Charles Louis de becondat Montesquieu, 1689 年—1755 年), 法国资产阶级启蒙思想家, 古典自然法学派的代表人物, 资产阶级法学理论和"三权分立"学说的奠基人。孟德斯鸠出生于波尔多附近的一个贵族家庭, 幼年学过古希腊语和拉丁语, 后来专攻法律。19 岁取得法学学位并担任讲师。1715 年, 他和一位有钱的军官之女茵·德·拉特丽格结婚。1716 年, 孟德斯鸠继承伯父的子爵爵位和法院院长职务, 在工作中, 他认识到封建法律是为王权服务的, 开始怀疑法律能否做到真正公允。1728 年, 他辞去法院院长的职务, 开始长途学术旅行, 他周游奥、匈、意、德、荷、英等国。他除专攻法律之外, 还涉猎各类学科, 获得了广博的学识。他曾先后被选为法兰西学院院士, 英国皇家学会会员和柏林皇家科学院院士。1722 年, 他化名"波尔·马多"发表《波斯人信札》一书, 一跃成为全国瞩目的人物。1734 年, 他发表了《罗马盛衰原因论》, 1748 年, 经过 20 年的精心的酝酿和准备, 《论法的精神》问世。1750 年, 他在日内瓦发表了《为＜论法的精神＞辩护》, 但尽管作了辩护, 还是被列入了当年教会的禁书目录。1755 年 8 月 11 日, 孟德斯鸠在巴黎去世, 终年 76 岁。

←孟德斯鸠头像

::内容提要

　　《论法的精神》分上、下两卷, 长达 60 余万字。除一短序外, 分六卷 31 章。第一卷 (第 1 章至第 8 章) 着重论述了法律的定义、法律和政体的关系、政体的种类以及它们各自的原则。第二卷 (第 9 章至第 13 章) 论述了自由的概念、法律自由与政体的关系, 尤其是通过著名的"分析说"深刻地揭示了以上关系。他将国家政体的权力归结为立法权、行政权和司法权三种, 并且通过英格兰实行"三权分立"的经验以及罗马等国家行使三种权力的教训, 从正反两面深刻地论述了三种权力之间相互依存、相互制约，不可相互代替的关系。第三卷（第14章至第19章）主要阐述作者关于法律与地域气候的关系的观点。他认为人的性格、嗜好、心理、生理特点的形成与人所处的环境或气候有密切的关系。因而不同环境的民族有不同的精神风貌和性格特点。第四卷（第20章至第23章）阐述了法律与贸易、货币与人口的关系。他认为贸易的发展应当有章可循，有法可依，只有这样，贸易活动才能为人类社会创造出更多的财富。作者力求倡导建立适合于各类贸易活动的法律法规。作者从货币的性质出发，着重论述了货币在贸易活动中所扮演的角色和所起的作用，强调货币的发行和兑换应受国家机器的控制，并遵循贸易市场的客观需求。作者从立法的角度着重论述了"天赋人权"的重要性，并详细阐述了各阶层的人们的社会地位。第五卷（第24章至第26章）详细论述了基督教、天主教、耶稣新教等各自的特点和各自相应的国家政体，并从古代的一些宗教派别的发展过程出发，阐述了宗教对国家尤其是对国家的统治者的重要性。同时，在本卷中较为详细地论述了民事法规与宗教法规从内容到实施的不同之处。第六卷（第27章至第31章）着重对欧洲各国法律的起源、人物和事件进行了深入细致的探讨和研究，并对建立这些法律的理论根据、历史渊源、人物和事件进行了考证和甄别。

经典摘录

● 从事物的性质来说，要防止滥用权力，就必须以权力制约权力。

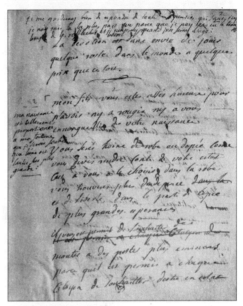

↑孟德斯鸠创作手稿

背景提示

孟德斯鸠所处的时代是17世纪末和18世纪前叶，此时正是法国封建主义和君主专制从发展高峰急剧走向没落的时期，长期的战乱、苛政使农民起义此起彼伏，经济、政治危机愈演愈烈。工业革命在法国逐渐兴起，工业资产阶级的利益与专制主义的冲突日益尖锐，资产阶级革命的时机进一步成熟，同时一大批进步的史学家、科学家、哲学家和作家和进步人士为新兴的资产阶级奔走呼吁，英国资产阶级革命的思想也被广泛接受。这一切都为《论法的精神》的问世打下了坚实的基础。

↑法国《人权宣言》

《人权宣言》是人类自由权利的基本宪章之一。1789 年法国大革命胜利后，议会通过的基本原则是"人人生而自由，权利平等"、"宗教自由和言论自由"等。其中三权分立的概念正是来自于孟德斯鸠的《论法的精神》。

《论法的精神》体现了以下四个方面的内容：（一）自然法理论，认为自然法是人类在自然状态中所接受并遵循的一种规律，自然法是永恒的。（二）分权学说，认为政治自由应是民主宪政制度的直接目的，要保障公民的政治自由，就要让立法权、行政权、司法权分掌在不同的人、不同的国家机关手中，并且相互制约，保持协调的行动；三权不仅要分立，更重要的是通过分立以权力制约权力。（三）法治思想，强调法律在治理国家中的作用。主张以法治国，建立法治国家。（四）整体学说，他集中在英国的宪法制度上探讨了政府形式的问题，认为重要的不是看权力掌握在一人手中、多数人手中还是全体人民手中，而是看权力是如何由政府实施的，有可能出现一人单独统治的专制主义，也可能出现全体人的专制主义。只有宪法才能保障一个国家的公民政治自由。

::作品评价

《论法的精神》是法学发展史上为数不多的鸿篇巨制之一，以法律为中心，涉及经济、政治、历史、宗教、地理等领域，包罗万象，内容极为丰富充实，被称为一部资产阶级法学的百科全书。至为关键的是全面提出并论述了三权分立理论，可以视孟德斯鸠为三权分立学说的真正创始人，而三权分立的思想直接体现在 1789 年法国的《人权宣言》和 1791 年法国宪法以及 1787 年美国宪法。当然这部作品也有其局限性，如在宪政上主张与封建势力妥协，夸大自然环境的作用等。

> **名家汇评**
>
> 理性和自由的法典。
>
> ——伏尔泰
>
> 人类政治生活中的"牛顿定理"。

"美学"作为一个学术领域确立的标志

美 学

德国／亚历山大·哥特利士·鲍姆嘉通

■作者介绍

　　亚历山大·哥特利士·鲍姆嘉通（Alexander Gottliel Baumgarten，1714 年—1762 年）是德国启蒙运动时期的哲学家和美学家。他出生于柏林的一个传教士家庭。鲍姆嘉通青年时代就读于普鲁士的哈列大学，学习神学。在大学期间，深受莱布尼兹·沃尔夫理性主义哲学的熏陶。大学毕业后，在哈列大学任哲学教授，讲授诗学、修辞学和美学。在沃尔夫的哲学中已经有研究意志行为的伦理学，研究理性认识的逻辑学，而唯独没有研究情感认识的科学。鲍姆嘉通的突出贡献，是他在美学史上第一个采用"Aesthetica"这一术语，提出并建立了美学这一特殊的哲学学科。这经历了一个过程：1735 年，鲍姆嘉通在博士论文《关于诗的哲学沉思录》中首次提出建立"美学"的构想；1750 年，他正式以"Aesthetics"命名"美学"，标志着美学这门学科的正式诞生，因而他享有"美学之父"的光荣称号。鲍姆嘉通的主要著作有：《关于诗的哲学沉思录》、《形而上学》、《"真理之友"的哲学书信》、《哲学百科全书大纲》和未完成的著作《美学》。鲍姆嘉通的美学思想对康德、谢林、黑格尔等德国古典唯心主义美学家都产生重大影响。

::内容提要

　　鲍姆嘉通的《美学》原文是用拉丁文写成的，第一卷于 1750 年出版，第二卷于 1758 年出版。《美学》的出版标志着美学从哲学、神学中独立出来，成为一门独立的学科。鲍姆嘉通在《美学》中全面阐述了美学的研究对象、性质、目的和基本框架。其美学主张大致概括如下：Aesthetics，原意是"感觉学"，鲍姆嘉通之意在于把美学作为研究感性认识的科学，因此在导论中他这样界定这门新兴学科："美学作为自由艺术的理论、

↑ 17 世纪银制显示台

17 世纪欧洲还没有"美学"这门学科，学术界、艺术界对于美的理解仍未脱离封建神学的束缚，这个珠光宝气的显示台虽精雕细琢却缺少独特的有生命力的美感。

↑三美神 意大利 拉斐尔

低级认识论、美的思维的艺术和与理性类似的思维的艺术是感性认识的科学"，明确地把感性知识作为美学研究的对象，把美学限定在感性知性的领域，为感性认识提供一般规则。美所研究的对象是"凭感官认识到的完善"，完善是事物的一种属性，它可以凭理性认识到，也可以凭感官认识到。凭理性认识到的美，是科学所研究的真，凭感官认识的美，是美学研究的美。"完善"这一概念，是鲍姆嘉通从沃尔夫那里接受下来的，鲍姆嘉通的完善，既有理性认识的内容，又有感性认识的内容，由此区分了丑和美。要达到感性认识的完善，必须使思想内容的和谐、次序安排的一致、表达的完美。

鲍姆嘉通主张到人的主观认识中去寻找美的根源，强调认识主体作用。鲍姆嘉通强调主体先天的审美能力，这种能力主要包括：敏锐的感受力，丰富的想象力，洞察一切的审视力，良好的记忆力，创作的天赋，鉴赏力，预见力，表达力和天赋的审美气质等，这些先天的审美能力正是判断对象美丑的主要因素。这些审美力有些属于感性认识的范围，有些属于理性认识的范围。但先天审美能力也要以"正规的艺术理论"为指导，以伟大的作家作为楷模进行正确的审美训练。

鲍姆嘉通在讨论了"审美的丰富性"和"审美的主体性"后，他提出了"审美的真实性"。他认为审美经验中同样包含有普遍的真理性，即"审美的真"，这种真实是通过具体的形象感觉形成的，它不仅要求美的思维的对象具有丰富的意象，而且允许合乎情理的虚构，这就要求人们从生活中寻找美的模型，并应顾及审美对象的联系。但是审美的真不是流于表面的东西，而是由感性感知的一种不明确的东西，也就是说，审美的真不是那种完全合乎客观的真实性，而是一种"可然性"，即一种合情合理的真。正是因为审美的真具有可然性，所以它还有随不同的时间、地点、人物而改变的特点。科学和艺术都追求真，但两者的方式却

背景提示

鲍姆嘉通生活在18世纪中叶落后的德国，当时占统治地位的精神气氛，在哲学和科学上是崇尚理性，轻视感性的理性主义；在宗教上是神秘的虔诚主义；在文艺上是反对表现个性的新古典主义，所有这一切对于美学的研究是极为不利的。鲍姆嘉通提出建立以感性认识为基础的美学学科，是与封建特权和宗教僧侣崇奉的意识形态以及要文艺成为"惩恶劝善"的道德说教工具等统治思想相背离的。从当时整个欧洲文艺实践和文艺思想的总趋势来看，当时已出现从封建的新古典主义文艺向新兴资产阶级文艺的转变。

不一样，审美的求真是运用"低级的感性认识"，尽量把握事物的完善，"在这个过程中，尽可能的少让质料的完善蒙受损失，并在为了达到有趣性的表现而加以琢磨的过程中，尽可能少的抹掉真所具有的质料的完善。"诗意的求真方式允许有条件的虚构。

> **经典摘录**
>
> ● 梦幻中的想象力是更无羁缚的，此时创作的能力比醒着的时候更不可遏制，它们显示了更富于生命力的、未被感觉所模糊的想象和虚构。

∷作品评价

　　《美学》不仅仅是为我们提供了一个"美学"的命名，这个命名本身标志着一个学术领域的诞生。自鲍姆嘉通为其命名后，改变了以往美学名不正，言不顺的地位，美学家们也自觉地为这门新学科划定范围。美学本身所固有的性质、范围都得到了迅速的发展。鲍姆嘉通把美学对象限定为感性认识，把它和研究理性认识的逻辑学对立起来，这就决定了由康德到克罗齐的在西方势力最大的一个美学派别的发展方向，对后来西方美学思想发展的影响是巨大的。

↑一群鉴赏家

鲍姆嘉通主张人应该发挥主观能动性，寻找美的根源，同时先天的审美能力更是不可或缺的，鉴赏家正是有先天审美能力的艺术家。

人类历史上第一部百科辞书

百科全书

法国／丹尼斯·狄德罗

■作者介绍

丹尼斯·狄德罗（Denis Diderot, 1713年—1784年）是18世纪法国唯物论的领袖人物，法国18世纪启蒙运动中杰出的人物、唯物主义哲学家、著名的文学家。他出生在法国东北部的朗格城，早年生活贫苦，作过私人记室、商店司账和家庭教师。他早年还写过一本反宗教的著作《哲学沉思录》，触怒了教会与当局，结果书被焚毁。1749年，已经发展成彻底无神论者和唯物论者的狄德罗，又发表了《供明眼人参考的论盲人的信》，他借盲人之口指出，如果要一个盲人相信上帝，那就要让他摸到上帝。当局以"思想危险"的罪名，将狄德罗关进了监狱。然而，这非但没有使狄德罗屈服，反而更激起他反抗封建势力和宗教蒙昧主义的斗争意志。出狱后，从1750年起，狄德罗与达郎贝一起主编了一部卓越的巨著——《百科全书，或科学、艺术、手工业详解辞典》（简称《百科全书》）。狄德罗团结和组织了一大批杰出的思想家、科学家、医生、工艺师等参加编纂工作，其中有伏尔泰、卢梭、爱尔维修、霍尔巴赫等等。虽然他们的哲学观点不尽相同，政治主张也不完全一致，但是在反对天主教会和经院哲学、反对封建等级制度这一点上，却是同样地坚决。他们在《百科全书》中传播了许多进步的思想和理论，并在编纂过程中团结在一起，因而被称为"百科全书派"。作为《百科全书》的主编，狄德罗除负责编辑、出版以外，还为全书撰写了数以千计的条目。他不愧为"百科全书派"的领袖，不仅比较全面地发挥了这派哲学家各方面的思想，而且比他的战友们具有丰富的辩证法思想，在一些重大问题上提出了一些较全面、较正确的看法，如关于世界万物的普遍联系和进化发展的思想等等。

↑丹尼斯·狄德罗像

背景提示

从土地结构和农业生产的观点来看，18世纪的农业经历了一场极为深刻的变革。18世纪后半期，"封建反作用"加强了，领主法权变得愈来愈严苛。18世纪新兴资本主义主要是商业资本主义，资产阶级人物的财富、威信和权势正值上升阶段，而18世纪社会关系深刻而缓慢的动乱引起了生活环境和方式的瓦解。

::内容提要

1751 年，《百科全书》第一卷（全书共 35 卷）在法国出版，但是出版到第二卷时，就遭到了迫害，被迫移到国外出版。全书详尽地记述了法国各种工场手工业、农业以及最好的生产典型，反映了法国的经济和社会的发展，反映了

经典摘录

● 一场能够使世界呈现出新的面貌的革命必然能够使人类摆脱野蛮状态。

● 希腊拜占庭帝国被摧毁了，而且它的灭亡使残余的知识流回欧洲。

当时科学文化的最高成就。正因为如此，该书编写过程中一再受到反动当局和天主教会的围攻、迫害，出版工作曾数度被迫中止，不少人（包括副主编达郎贝）纷纷辞退了编撰任务，但狄德罗毫不动摇，以惊人的毅力，克服了重重困难，不懈奋斗 30 年，终于在 1780 年出齐了这部罕见的巨著。

《百科全书》系统地概括了 18 世纪中叶所积累的各科知识，对政治革命（在世俗的非循环的意义上的革命）以及作为几何学、天文学、地质学和钟表学中的一个术语的"革命"进行了相当多的讨论。狄德罗编写的条目形成作品的结构和基础，概括起来，可把条目分为几类：1. 含有假天真和含沙射影内容的条目（如圣经，封斋期等条目）；2. 含有狄德罗设置陷阱的条目；3. 介绍一种贵族和"开明专制制度"的拥护者所能接受的改良主义，以及对宽容、自然和非宗教伦理加以赞扬的文章；

↓《百科全书》中有关打击乐、采矿和造纸的整版插图

《百科全书》是展示 18 世纪一切思想活动中各种新思潮学派代表人物的窗口，以其宽容和自由主义态度和对手工业及机械科学的新观点而著称。

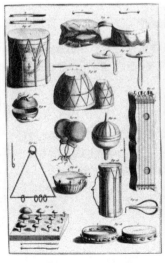

↑ 狄德罗和达朗贝编写的百科全书第一版，后成为法国国王路易十六的私人藏品。

4. 最后是真正大胆的条目，它们包含着对既定秩序的批判等。

在《百科全书》（1751年出版）的"引言"中，简短地概括近代科学的兴起，或者说与近代科学密切相关的哲学的兴起时，达朗贝引入了革命的概念。但是，该篇短论的目的是要概括出对所有知识包括科学的一种方法论的和哲学的分析，这在他的计划中占据了主要位置，而不是描述科学本身。

《百科全书》第6卷1756年在巴黎出版，其中收有达朗贝写的词条"实验"。前面的一卷（第5卷，巴黎，1755年）收入了狄德罗关于科学中的革命的讨论；这个讨论见于他所写的"百科全书"这个条目中。狄德罗注意到这样一个事实：科学中正在发生变革，所以，以前出版的所有辞典都会缺少科学发明或放在显著地位并赋予新的意义和重要性的新的词汇。因此比较旧的辞典里"电流"这个条目可能只会有一条线或两个给出的"虚假的概念和古老的偏见"。狄德罗认为，即使如此，"科学和文理科学（包括艺术、自然科学、社会科学及人文学科）中的革命也许并不如在力学中发生的革命那样有力和被人强烈地感觉得到；但是，在科学和文理科学中都发生了革命"。

::作品评价

《百科全书》以其怀疑论、注重科学决定论和对当时政府、司法和教会的弊端的批判而产生了广泛的影响，成为法国大革命的思想前奏。这部巨著的重要性不但在于宣传了自然科学的知识，而且在于把这些知识作为反宗教和"旧制度"的全部老朽思想体系的最有力武器。人们选择了《百科全书》作为工具，来宣传他们自己的理论并应用到一切知识对象中去。

名家汇评

如果说，有谁为了"对真理和正义的热诚"……而献出了整个生命，那么，狄德罗就是这样的人。

——恩格斯

这样，唯物主义就以其两种形式中的这种或那种形式——公开的唯物主义或自然神论，成了法国一切有教养的青年的信条。

——康德《纯粹理性批判》

世界政治学史上最著名的古典文献之一

社会契约论

法国／让·雅克·卢梭

■作者介绍

让·雅克·卢梭（Jean-Jacques Rousseau, 1712年—1778年），是法国伟大的启蒙思想家，在法国的哲学、政治学、文学、音乐、戏剧等许多领域里都做出了卓越的贡献，而且在世界上产生了深远的影响。他出生于瑞士日内瓦一个贫穷的钟表匠家庭，他的祖先原籍法国的蒙莱里，为了躲避法国政府对新教徒的迫害，于1549年逃难到日内瓦定居。他的父亲是个钟表匠，母亲在其出生几天后去世了，卢梭由姑妈抚养。卢梭喜欢读书，吃过晚饭常和父亲一起阅读，靠父亲的指导学会了识字、读书。他10岁时，父亲在打猎时用剑刺伤了一个当过军官的牧场主，只得逃离日内瓦，于是卢梭由其舅舅照顾。他先后当过学徒、随从、家庭教师、乐谱抄写人、秘书、作家和乐师等，屡屡变换社会角色。31岁时，卢梭定居巴黎，很快成为百科全书派的重要人员。1749年他应征第戎科学院征文，以《论科学与技术》一文获奖，一举成名。但他多次因著作、思想而被迫流亡。他很多时候依附于贵妇人，但更多的是靠乐谱编写度日。1778年7月贫困交加的卢梭孤独地逝世。卢梭虽然没有受过系统的教育，但他的勤奋和钻研获得了渊博的学识，取得了辉煌的成就。卢梭一生命运多舛，饱受迫害，常遭非议。他著述丰富，有《论人类不平等的起源和基础》、《社会契约论》、《爱弥尔》、《忏悔录》、《新爱洛伊丝》、《漫步遐想录》等。

::内容提要

《社会契约论》又名《政治权力的原理》，全书四卷共48章，每章都论述一个很大的题目，但文字篇幅有限，言简意赅。

第一卷包括9章。第一章的题目是《第一卷的题旨》，开门见山地提出了一个著名的命题即"人是生而自由的，但却无往不在枷锁之中"，接下来各章都是论述社会的，他指出家庭是唯一自然的社会，维护自身的生存是人性的首要法则。强力并不构成权利，不能迫使人民服从。他认为"放弃自己的自由，就是

↑卢梭塑像

放弃自己做人的资格，就是放弃人类的权利"。由于人类碰到了不利生存的障碍，需要在维护自身的同时，聚集全体的力量，这就需要每个人及其自身的一切权利全部都转让给整个的集体，并且作为全体不可分割的一部分，但同时人类丧失了天然的自由，获得了社会的自由。

第二卷包括12章，论述的是主权、法律和人民。卢梭认为众意和公意是有区别的，众意是个别意志的总和，着眼于私人利益，公意着眼于公共利益，永远是公正的，主权是公意的运用，因而主权是不可转让的和不可分割的。他认为要把权利和义务结合起来，就需要有法律和约定，而法律只能是公意的行为。卢梭把立法权看作是人民主权的主要形式，因而法律是应该由服从法律的人民来制定的。

第三卷包括18章，论述的是政府的体制。卢梭首先对政府这一概念的含义做了说明，他认为"政府就是在臣民与主权者之间所建立的一个中间体，以便两者得以相互结合，它负责执行法律并维护社会的以及政治的自由"。政府可以分为民主制、贵族制和国君制。这三种政府形式或者至少前两种形式是或多或少可以变动的。因为民主制可以包括全体人民，也可以缩小到人民的半数，而贵族制则可以由人民的半数缩小到极少数的人。即使是国君制，有时也可以在父子之间或弟兄之间或其他人之间分成几部分，至于哪种形式的政府最好，他认为每一种形式的政府都可以在某种情况下成为最好的政府，而在另外一种情况下成为最坏的政府。他坚决反对贵族制和国君制，主张民主共和制，不过他又认为真正的民主制是从来不曾有过、也永远不会有的。

第四卷包括9章，论述与选举有关的制度。他认为既然每一个人生来是自由的，并且是自己的主人，所以任何人在任何情况下都不能寻找借口，在未经本人许可的条件下奴役别人。因此无论如何都不能剥夺公民的投票权。卢梭介

↑ 1789 年法国国民议会废除封建权力

随着资本主义的发展，资产阶级力量日益增强，爆发法国大革命，推翻了封建专制制度。

绍了罗马的人民大会，论述了罗马选举平民担任的保民官制、在紧急情况下采用的独裁制和从退职的执政官中选出的监察官制，最后论述了公民宗教。

::作品评价

《社会契约论》是卢梭最为深刻和成熟的政治理论著作，是世界政治学史上最著名的古典文献之一，标志着民主思想史上的一个重要阶段。此书内容并不很多，但思想深刻，意蕴丰富，创见迭出，语言也十分机智幽默，确实是一部百读不厌的经典政治学和法哲学著作。卢梭在这部著作中关于自由、平等、天赋人权、主权在民、公民选举领袖的共和制度，在《独立宣言》、《人权宣言》中都有所体现，但由于这是一部推论性的著作，提出的理想社会模式不是具体的革命纲领，而只是逻辑推论，几乎不可能适用于一种历史事实，因而具有明显的局限性。

> **名家汇评**
>
> 卢梭的社会契约在恐怖时代获得了实现。
> ——《马克思恩格斯选集》
>
> 他渗透、改变和彻底改革他那世纪和以后世纪的社会。
> ——罗曼·罗兰
>
> 拿破仑认为如果没有卢梭，便没有法国革命。

介乎于小说与说教文之间的资产阶级教育专著

爱弥尔

法国／让·雅克·卢梭

::内容提要

　　《爱弥尔》分为五卷，叙述爱弥尔从出生到长大成人的各个时期，卢梭把人在成年之前的年龄分为五个阶段，分别提出了针对不同年龄的教育原则。

　　第一卷首先论述了教育的作用。他把教育分为三种：自然的教育、人的教育和事物的教育。他主张培养人的家庭教育或自然教育。这一卷论述的是 2 岁以前不会说话的婴儿时期，他主张婴儿从出生的那一天起，就开始从大自然受到教育，在这个阶段，教育的主要内容是体育教育，要使婴儿获得自然发展，解除一切身体上的桎梏，锻炼他们的体格，促进他们的身体健康。他同时指出锻炼儿童的器官要注意方法，要注意儿童的心理健康，不要使其沾染任何恶习。

　　第二卷论述的是约从两岁到 12 岁的儿童，他把这个阶段的儿童看作是"理性的睡眠"时期，这时的儿童智力处在蒙昧状态，缺乏思维能力，因而主要应当对他们进行感官教育，锻炼他们的视觉、听觉、触觉等感觉器官，不要强迫他们去思考，不要强迫他们死记硬背。他从感觉论出发，表示儿童在这个阶段绝对不要读书，以防止他的心沾染罪恶，防止它

←受迫害的卢梭
1762 年卢梭的《爱弥尔》出版，惹怒了法国最高法院中的詹森教派教徒，在巴黎，他们下令焚书、逮捕作者，卢梭的好朋友卢森堡帮助他逃离法国。从此，卢梭开始像亡命徒一样从一个避难处到另一个避难处地颠沛流离。

↑卢梭认为儿童在两岁到12岁之间处于"理性的睡眠"时期，孩子们应该锻炼自己的听觉、视觉、触觉等感觉器官，到大自然中用心感受，而不要过早开始受书本影响。

的思想产生谬见。由于儿童在这个时期还没有形成道德观念，因而也没有必要讲述道德理论或强迫他接受道德原则，但他不否认示范对教育儿童和培养高尚的品格有着重大作用和意义。他反对对儿童的错误，为了惩罚而惩罚，而要使他们知道不良行为会造成的自然后果。

第三卷论述的是12岁至15岁的少年，他们开始进入青春期，涉及宗教信仰、社交伦理等与他人的关系。这个时期应向少年进行智力教育和劳动教育。智力教育的基本任务在于发展儿童对智力的倾向，培养他们对科学的兴趣，教给他们以研究科学的方法，但对他们实施教育的内容应当有所选择，趣味性和有用性相兼容，同时，他强调实行实物教育，尽可能地用直接观察来替代书本知识，发展他们的独立精神、观察能力和灵敏性。他要求重视劳动和劳动教育，学习农业劳动，把智力教育和劳动教育结合起来，使身体锻炼和思想锻炼互相调剂。

第四卷论述的是15至20岁的青年，他们的身体发育成熟，产生欲望，这是人的第二次诞生。在这一阶段应对男女青年进行道德教育和爱情教育，包括正确的性教育。在道德教育方面，他宣传博爱，提倡爱一切人。道德教育是培养善良的情感、善良的意志和善良的判断。爱是相互的，把自爱之心扩大到爱别人，

经典摘录

● 真正的教育不在于口训而在于实行。

● 以世界为唯一的书本，以事实为唯一的教训。

● 人之所以走入迷途，并不是由于他的无知，而是由于他自以为知。

103

休谟和卢梭是德国哲学的两个出发点。
——黑格尔

自爱就可以成为美德。这一卷还包括专章《信仰自由，一个萨瓦省的牧师自述》，系统地阐述了卢梭的宗教观。

第五卷叙述了接受自然教育的爱弥尔从农村返回城市，开始享受社会教育，为了增长知识需要游历，研究其他的国家和人民，爱弥尔用两年时间游历了欧洲的几个大国和许多小国，学会了两三种主要的语言，并且经历恋爱结婚了。

::作品评价

《爱弥尔》既是一部论教育学的著作，也是一部哲理小说，作者广泛涉及了哲学、伦理学、美学、宗教学等领域中的重要问题，成为卢梭阐述自己思想最丰富的一个宝库。书中作者提倡的自然教育思想对当时封建专制教育和宗教教规是有力的批判，对启发第三等级特别是资产阶级的反封建斗争意识有相当大的鼓舞作用。书中渊博的学识，深邃的思想和独到的见解给世界教育带来了全新的研究课题。对以后的教育发展起到了很大的指导作用。全书语言流畅，内容丰富，层次分明，以简明的事例说明了晦涩的问题，具有很高的文学价值。但卢梭过分强调在自然界中传授知识的重要性，忽视了系统传授知识的必要性，这表现了一定的阶级局限性。

↑卢梭的童年孤单、漂泊，所以他对于孩子的教育与成长非常关心，《爱弥尔》也许正是为了弥补他曾经缺失的童年。

最早系统阐述犯罪与刑罚原则的著作

论犯罪与刑罚

意大利／切萨雷·贝卡里亚

■作者介绍

切萨雷·贝卡里亚（Cesare Beccaria，1738 年—1794 年）是意大利刑法学家和经济学家，古典刑事学派的创始人和最重要代表人物。他出生于意大利米兰的一个没落贵族家庭，早年曾在帕尔马的耶稣会学院接受教育，16 岁进入帕维亚大学攻读法律专业。1758年贝卡里亚从帕维亚大学毕业后回到米兰，用很短的时间研究了一些自己感兴趣的哲学著作，1762 年贝卡里亚发表处女作《米兰国的货币混乱及其补救办法》。1764 年，他发表了代表作《论犯罪与刑罚》，并因此而应邀去法国巴黎访问，受到热烈欢迎。1768 年 11 月，贝卡里亚被奥地利政府授予米兰宫廷学校经济贸易教授的职位，1771 年被任命为米兰公共经济最高委员会委员，接着，又接受了罗马帝国皇帝约瑟夫二世的任命，主持政府的财政经济工作。1791 年，根据奥地利皇帝利奥波德的指示，贝卡里亚被任命为伦巴第刑事立法改革委员会的成员。在此职位上，贝卡里亚撰写了一些关于刑事立法的书面咨询意见，包括《论警察》、《对政治犯罪的思考》、《论无期徒刑计划》、《改善被判刑人的命运》、《论管教所》和《对死刑的表态》。贝卡里亚在经济学方面也有较大的成就，他将数学应用于经济，先于亚当·斯密发展了工资和劳动力理论，先于托马斯·马尔萨斯发展了生产与人口理论。但贝卡里亚最著名的还是刑事法学著作——《论犯罪与刑罚》。1794 年11 月 28 日，贝卡里亚因中风在故乡米兰家中去世。

↑切萨雷·贝卡里亚像

::内容提要

《论犯罪与刑罚》的手稿只有 193 页，也没有划分章节，论述以连续方式进行，仅以旁注的形式在正文旁边标出各个不同的题目，而其后的版本则将其划

经典摘录

● 法官对任何案件都应进行三段论式的逻辑推理。大前提是一般法律,小前提是行为是否符合法律,结论是自由或者刑罚。

● 刑罚的目的仅仅在于:阻止罪犯再重新侵害公民,并规诫其他人不要重蹈覆辙。

● 对人类心灵发生较大影响的,不是刑罚的强烈性,而是刑罚的延续性。

分章节。现在流行的版本将其划分为45章,从刑罚的起源到如何预防犯罪,囊括了刑事制度的各方面。这45章包括:1. 刑罚的起源。2. 惩罚权。3. 结论。4. 对法律的解释。5. 法律的含混性能。6. 刑罚与犯罪相对称。7. 在犯罪标尺问题上的错误。8. 犯罪的分类。9. 关于名誉。10. 决斗。11. 关于公共秩序。12. 刑罚的目的。13. 证人。14. 犯罪嫌疑和审判形式。15. 秘密控告。16. 刑讯。17. 关于国库。18. 宣誓。19. 刑罚的及时性。20. 暴侵。21. 对贵族的刑罚。22. 盗窃。23. 耻辱。24. 懒惰者。25. 驱逐和没收财产。26. 关于死刑。27. 关于逮捕。28. 程序和时效。29. 难以证明的犯罪。30. 自杀。31. 走私。32. 关于债务人。33. 庇护。34. 悬赏。35. 犯意、共犯、不予处罚。36. 提示性讯问、口供。37. 一类特殊的犯罪。38. 虚伪的功利观念。39. 如何预防犯罪。40. 科学。41. 司法官员。42. 奖励。43. 教育。44. 恩赦。45. 总结。

《论犯罪与刑罚》一书的主要思想包括:(一)关于刑罚的起源和刑罚权。贝卡里亚认为,人们为了平安地享受自己的自由,而将自己的部分自由交给社会统一掌管,这部分交出来的自由总合起来形成了一个国家的君权。君主就是合法保存者和管理者,有了保管者还必须使它不受侵犯,这就需要刑罚来约束。

(二)罪刑法定思想:第一,只有法律才能规定犯罪及其刑罚。因为法律保护的是全体社会成员的利益,颁布法律的权力只属于根据社会契约联合起来的整个社会的代表,即立法者。第二,代表社会的君主只能制定约束一切成员的普遍性法律,而犯罪事实与适用刑罚则由独立的司法官员来判定。第三,刑事法

背景提示

《论犯罪与刑罚》是在当时启蒙思想盛行以及欧洲刑事法律制度遭到强烈批判的背景下完成的。贝卡里亚大学毕业后回到米兰,参加了民主主义者、经济学家彼得罗·韦里组织的进步青年团体"拳头社",在此团体中,贝卡里亚和朋友们一起阅读和讨论启蒙思想家的著作,并时常进行激烈的争论,针砭时弊,抨击旧的观念和传统,并发表在"拳头社"的杂志《咖啡馆》上,当时担任囚犯保护人的亚里山德罗·韦里经常将刑事司法制度的种种黑暗、残酷、野蛮讲给"拳头社"的成员们。拳头社的活动,对贝卡里亚思想的启蒙和视野的扩展起到了十分重要的作用。从1763年开始,贝卡里亚打算再写一本书,伙伴们建议以经常讨论的敏感议题——对刑事司法制度的批判为题,在彼得罗·韦里的建议和鞭策下,1763年3月,贝卡里亚开始全身心撰写此书,并于1764年1月完稿。

官没有解释刑事法律的权利。因为刑事法官不是立法者，他们只能从现实社会或者君主那里接受法律。第四，法律条文应当明确。如果法律本身含混不清，那它就不得不被解释，而且如果法律是用一种人民所不了解的语言写成的，那么必然使人民无从掌握自己的自由或处置自己的命运。第五，只有实施法律禁止的行为才能称为犯罪。（三）罪刑相适应思想，主要表现为：第一，刑罚强度与犯罪的危害程度相称，即重罪重罚，轻罪轻罚，只有在犯罪的社会危害越大，犯罪动机越强烈，所处的刑罚也相应地更为严厉时，犯罪与刑罚之间才能达到

↑最后的审判 意大利 米开朗琪罗

相称；第二，罪刑相适应是指刑罚造成的痛苦要按一定比例大于犯罪所造成的危害或犯罪所得到的利益。但刑罚不能超过犯罪很多；第三，指对特定的犯罪处以特定的刑罚。（四）关于公民在适用法律上一律平等的思想。凡法律上规定的对犯罪的刑罚，对任何犯罪的人，都必须平等地不可避免地适用。（五）关于反对酷刑和滥用刑罚。贝卡里亚认为，刑罚通过造成痛苦来威慑人们，使他们不敢随意进行犯罪行为，从而保障社会和平与人民生活安宁，同时，刑罚也会使用不当或被滥用，以致侵害无辜者，对社会造成危害。因此除非绝对需要，不得使用刑罚，并且在使用刑罚时应当尽量使用较轻的刑罚。（六）关于刑罚的及时性：惩罚犯罪的刑罚越是迅速和及时，就越公正和有益。（七）关于刑罚的确定性和必定性，

名家汇评

《论犯罪与刑罚》这本小书具有宝贵的精神价值，好似服用少许就可以缓解病痛的良药一样。当我阅读时真感到解渴，我由此相信：这样一部著作必定能消除在众多国家的法学理论中依然残存的野蛮内容。

——伏尔泰

↑审判

他认为犯罪与刑罚之间这种必然的确定的联系，是增强刑罚的威慑力量的重要因素。（八）关于司法官员的独立性和中立性，他认为必须有独立的司法官员来判定犯罪事实，适用刑罚。（九）关于刑罚的目的和犯罪的预防。他认为要预防犯罪，必须树立法律的权威，应当极力传播知识，应当建立司法机关内部的监督机制，使它能够严肃执法，而不产生徇私舞弊和腐化，应当奖励美德。（十）关于诉讼，阐述了有关诉讼制度和程序问题，如控告、逮捕、宣誓、讯问、证据、审判方式等。

∷作品评价

《论犯罪与刑罚》是贝卡里亚最有影响的一部著作。是人类历史上第一部对犯罪与刑罚原则进行系统阐述的著作，对欧洲大陆乃至全世界的立法和司法改革实践产生了重大影响，现代各国刑事司法的基本原则和制度，都是建立在该著作学说的基础之上的。此书中的学说，奠定了现代法律和司法制度以及刑事法学、犯罪学理论的基础。书中阐明的无罪推定、罪刑法定、罪刑相适应、公民在适用法律上一律平等原则，已经成为全人类的共识和司法制度文明、进步与民主的基本标志。

划时代的经济学巨著

国民财富的性质和原因的研究

英国／亚当·斯密

■作者介绍

　　亚当·斯密（Adam Smith，1723年—1790年）是英国古典政治经济学的主要代表人物之一。《国民财富的性质和原因的研究》（以下简称《国富论》）是他的代表作。亚当·斯密出生于苏格兰的克科第的一个海关官员的家庭，在斯密出生前几个月他的父亲就去世了。斯密与母亲相依为命，终生未娶。斯密14岁进入格拉斯哥大学学习哲学和数学，而后结识了大卫·休谟。17岁时转入牛津大学，1751年返回格拉斯哥大学讲授逻辑学，第二年担任道德哲学讲座。他的伦理学讲义经修订后在1759年以《道德情操论》出版，为他赢得了声誉，并被列为英国第一流的学者。1764年斯密辞去大学的职务，担任年轻的贝克莱公爵的私人教师，于1764—1766年间陪他的学生游览于法国和瑞士。在巴黎，他认识了法国启蒙学派代表人物伏尔泰，重农学派主要代表人物魁奈和杜尔阁等名流，这对他的经济学说的形成有很大影响。1767年结束了对贝克莱的教学后，他返回家乡专心致力于《国富论》的写作，经过10年的刻苦努力，终于在1776年完成了这部巨著。《国富论》的出版受到了英国资产阶级的热烈欢迎和赞扬，因为这本书为实行自由放任的经济政策提供了理论基础，于是斯密成为当时英国最著名的经济学家。1778年斯密担任爱丁堡海关专员，1787年被推选为母校格拉斯哥大学的校长。1790年7月17日斯密逝世。他的著作除《国富论》、《道德情操论》外，还有《哲学问题论集》。

↑亚当·斯密头像

　　许多年来，亚当·斯密作为一个社会哲学家的光辉经受了其他第一流的政治经济学家们的风吹雨打而不褪色。虽然，他是为他的一代人写作，但他知识的渊博，他的概括性论述的锐利锋芒，他的高瞻远瞩，始终博得一切社会学家们特别是经济学家们的赞赏。

::内容提要

《国富论》主要研究国民财富的性质以及增加国民财富的原因和途径,揭示生产发展与财富增长之间的内在联系及其规律,最终达到富国裕民的目的。该书的中心思想是基于人性论和自利心的自由放任思想,也就是经济自由思想。斯密认为经济自由是资本主义发展规律的要求,最符合人们利己的本性,让每个人都自由地追求个人利益,最终就能够最好地实现社会的总利益。因此,斯密强烈反对国家干预经济生活,主张充分实现经济自由,就是要实现自由经营、自由贸易和自由竞争。这些主张实际上反映了处在工业革命初期的资产阶级的要求,他们要求清除一切束缚资本主义发展的封建残余和国家对经济干涉的政策,从而完全确立资本主义的自由经济秩序。

斯密根据研究国民财富这条主线,精心设计了全书的篇章结构,并在本书的"绪论及全书设计"中作了简要的说明。除"绪论及全书设计"外,《国富论》分为

↑18世纪的英国一家纺织厂,女工们正在夜以继日地工作。

亚当·斯密在《国富论》中指出,在分工已经进展得很远的社会里,工人智力下降,与农民敏捷的智力相比,专业化的工人"一般变得愚蠢和无知,就像人类可能变成的那样"。

上下两卷，共5篇32章。《国富论》最先建立了资产阶级政治经济学比较完整的理论体系。在"绪论及全书设计"里，斯密明确地指出，所谓国民财富，就是指供给国民每年消费的一切生活必需品和便利品。

第一篇为"论劳动生产力增进的原因，并论劳动生产物自然而然地分配给各阶级人民的顺序"，斯密认为增加财富的具体途径主要有两条：一是加强劳动分工以提高劳动生产率；二是增加资本积累，从而增加从事生产的劳动者人数。从这些观点出发，该书首先说明分工能够提高劳动生产率和增加国民财富，进而论述分工的原因，斯密认为交换是分工的起因，于是就接着分析了交换，认为人类天生就有互通有无的倾向；同时斯密还考察了交换和分工的相互关系；因为要实现交换，必须得借助货币这个媒介才能顺利实现，所以接着便论述了货币的起源和功能，由于商品和货币之间的交换又引起了价格和价值的问题，于是接下来就阐述了衡量价值的尺度和价格的构成及变动。因为斯密坚持认为工资、利润、地租是价格的三个组成部分，所以随后他便研究了工资、利润、地租的性质及其变动规律。

第二篇为"论资本的性质及其蓄积和用途"，主要研究了资本的性质、构成、积累和用途。在这一篇中，最先明确地说明了资本的构成可分为固定资本和流动资本，区分了生产劳动和非生产劳动，论述了资本的各种形态，即借贷资本、

经典摘录

● 劳动是衡量一切商品的真实尺度。

● 对工资劳动者的需求，必随一国收入和资本的增加而增加。

● 不论何时何地，凡是难于购得或需要大量劳动的货物，价必昂贵；凡是易于购得或在取得时只需少量劳动的货物，价必低廉。

↑英国北部纽卡斯尔的船坞，展现了本地区旺盛的工业活力。

工业资本和商业资本之间的区分。前两篇基本上包括了斯密政治经济学理论的所有内容。

第三篇为"论不同国家中财富的不同发展阶段"，从经济史的角度，对促进或阻碍国民财富发展的原因作了分析，主要考察了罗马帝国崩溃到18世纪后期的经济发展史，研究了国家的经济政策对财富生产发展的作用。从历史的角度出发，论证了只有采用自由放任的经济政策，才会有利于分工和国民财富的发展。

第四篇为"论政治经济学体系"，从经济思想史的角度出发，对阻碍国民财富增长的重商主义和重农主义的理论和政策作了分析、比较和批判。考察了不正确的政策主张和学说怎样妨碍国民财富的增长，实际上进一步论证了采取自由放任政策的必要性。

第五篇为"论君主或国家的收入"，研究的是国家财政收支对国民财富发展的影响。斯密强调了必须采取合理的财政制度，使国家的收入大于支出，促使资本的积累，才能增进国民财富。

《国富论》的内容极为丰富，涉及了许多方面的经济理论，但是对政治经济学的发展来说，最重要的贡献还在于斯密所论述的劳动价值论和三个阶级三种收入的学说。

::作品评价

亚当·斯密的《国富论》汇集和大大发展了在他以前一个多世纪以来的经济思想的优秀成果，对政治经济学的研究对象、方法、范围和内容做了全新的、带有创造性的阐述，使政治经济学这门"最古老而又最新颖的艺术"第一次成为真正独立的社会科学，所以《国富论》就成为一部继往开来的划时代的伟大著作。

名家汇评

《国富论》最本质的东西是：认为资本主义生产方式是最生产的。

——马克思

斯密认识到了剩余价值的真正起源。

——马克思

西方人口理论史上第一部比较系统的著作

人口原理

英国／托马斯·罗伯特·马尔萨斯

■作者介绍

　　托马斯·罗伯特·马尔萨斯（Thomas Robert Malthus，1766 年—1834 年）是英国早期的庸俗经济学派的创始人。马尔萨斯出生于英国萨立州附近的一个乡村绅士的家庭。马尔萨斯从小就受教于学识渊博、思想激进的父亲。1784 年马尔萨斯进入剑桥大学学习哲学、神学、文学和古代史。大学毕业后，他先在家中闲居，后又进入剑桥大学继续研究学习，1796 年到萨立州的奥尔巴当牧师（1804年因结婚而失去神职）。1798 年马尔萨斯匿名发表了《人口原理》的小册子，引起了很大社会反响。在小册子一举成名之后，马尔萨斯于 1799 年到欧洲各地搜集资料，回到英国后，作了修改和补充，在 1803 年用真名发表了《人口原理》第二版。1805 年，马尔萨斯被聘为东印度学院的历史和政治经济学教授，成为大英帝国所设的政治经济学教授职位的第一个获得者。1819 年马尔萨斯被选为皇家科学协会会员，1821 年他与大卫·李嘉图、詹姆斯·穆勒共同发起成立了经济学会。1833年他出席了英国学术协会剑桥大会，被选为英国道德及政治科学协会会员、英国帝国学士会会员。1834 年，马尔萨斯发起组织成立统计协会，同年 12 月 29 日因心脏病死于任教达 30 年之久的东印度大学，终年 69 岁。他的著作除《人口原理》之外，其他著作还有《当前粮食涨价原因的分析》（1814 年—1815 年），《地租的性质与发展的研究》（1815 年），《政治经济学原理》（1820 年），《价值的尺度》（1823 年），《政治经济学定义》（1827 年）等。

::内容提要

　　马尔萨斯的《人口原理》第二版包括一个序言（第二版著者序）和四卷。

　　第一卷题为"世界文化较落后地区及过去时代的人口抑制"，共 14 章。前两章包括了他人口理论的大部分内容，其中

↑托马斯·罗伯特·马尔萨斯像
英国经济学家，近代人口问题研究的先驱。

国家、地区	1500 年	1600 年	1700 年	1800 年
西班牙 葡萄牙	9.3	11.3	10.0	14.6
意大利	10.5	13.3	13.3	18.1
法国（包括洛林、萨伏伊）	16.4	18.5	21.0	26.9
尼德兰	1.9	2.9	3.4	5.2
不列颠群岛	4.4	6.8	9.3	15.9
瑞典、挪威、丹麦	1.5	2.4	2.8	3.2
德国	1.5	2.4	2.8	3.2
瑞士	0.8	1.0	1.2	1.8
俄国	9.0	15.5	17.5	
共计	65.8	86.7	93.5	110.2

(不包括俄国)

经典摘录

● 一是食物为人类所必需；二是两性间的情欲是必然的。

● 人口，在无所妨碍，以几何级数率增加，生活资料以算术级数率增加。

← 1500 年—1800 年欧洲人口简表

1500 年—1700 年，欧洲人口增长达 40% 左右，尽管在 17 世纪西班牙、意大利南部一些地区和德国中部地区出现了人口负增长，这一总增长率不及 18 世纪增长率一半，这期间欧洲各国估略人口如图（以百万为单位）：

包含两个公理：一是食物为人类生存所必需的；二是两性间的情欲是必然的，且几乎会保持现状；两个级数理论：人口，在无所妨碍时，以几何级数率增加；生活资料，只以算术级数率增加。他算到，人口以 1，2，4，8，16，32，64，128，256 的比数增加，而生活资料则按 1，2，3，4，5，6，7，8，9 的比数增加，在两个世纪的人口与生活资料比率将是 256 对 9；关于对人口数量抑制的两种方法：一是积极性抑制：缩短生命的因素包括因贫困引起的死亡、战争、瘟疫、地震等自然灾祸，他同时认为这种方法是罪恶的；二是预防性限制：预防出生的因素，如追求独身生活，不生育或少生育。预防性限制又可分为：道德的限制，主动节制结婚生育；不道德的限制，被动节制生育。通过对上述理论的论述，马尔萨斯

↑ 马尔萨斯认为，任何幻想的平等，任何大规模的农业条例，不可能解决人口问题。要社会上全体人的生活都安逸、幸福，不顾虑生活资料的供给是不可实现的。

> 马尔萨斯的有效需求不足论：他认为商品的价值在市场上的实现取决于市场上有否充分的"有效需求"。"有效需求"是人们的购买欲望加上实现这一欲望的购买能力。如果"有效需求"不足，生产出的商品就不能全部售出，社会商品的总价值就不能实现，这样就会出现资本主义生产普遍过剩，产生经济危机。同时，他也提出了解决危机的办法：有一种购买者队伍来增加有效需求，充分适应供给，这样资本主义的生产普遍过剩才可能避免。这种购买者——不生产的消费者包括地主、僧侣、官吏、年金领养者、军队和其他所属者如仆役等等。

又提出了三个命题：第一，人口必然地为生活资料所限制；第二，只要生活资料增长，人口一定会坚定不移地增长，除非受到某种非常有力而又显著的抑制的阻止；第三，这些抑制，全部可以归纳为道德的节制，罪恶和贫困。后 12 章论述所谓文化发展落后的地区和过去时代的人口抑制，文中主要引用了印第安人、南洋群岛人、北欧古居民、近代游牧民族及非洲、中国、日本、希腊等国的历史资料。

第二卷题为"近代欧洲各国对人口的抑制"，共 13 章，是第一卷的继续。分别对挪威、瑞典、俄国、瑞士、法国、英格兰等国近代的人口发展状况进行考察，并证明了"道德抑制"和"积极抑制"在历史发展阶段作用不同。在古代社会，由于生产力水平的低下，人们缺少理性，"积极抑制"起主要作用；在近代社会中，生产力大大提高，理性作用加强，"道德抑制"逐渐代替了"积极抑制"起着主要作用。从而说明了人口的抑制在欧洲近代也是显而易见的现象。

第三卷题为"论各种已经提出或已在社会上流行的制度或权宜办法对各种由于人口的因素而产生的祸害的影响"，共 14 章。马尔萨斯依据他的人口原理，反对葛德文等人的社会改革思想，试图证明平等制度是不可能建立的，而只有私有制才是社会发展的最好形式。同时，马尔萨斯反对恤贫法，反对废除谷物法，比较不同经济状况下财富和人口增长情况。马尔萨斯指出，恤贫法不可能解决贫困的问题，对贫困的救济是一种犯罪，最后他分别论述农业制度、商业制度、谷物法等对社会进步的影响。该卷的中心思想是：只有抑制人口增长方可能改

背景提示

英国从 18 世纪中叶开始的产业革命到 18 世纪末达到高潮，逐渐完成了工场手工业向机器手工业的过渡。机器大工业的发展又造成了小生产者的破产和劳动群众的大量失业和贫困。与此同时，法国爆发的资产阶级大革命也对英国发生广泛的影响。在英国，土地贵族掌握着英国的政权，他们制定各种法令、政策来限制工业资本主义经济的发展。于是一场激烈的人口问题论战就爆发了：华莱士的观点是人口必然过剩，而英国乌托邦主义者威廉·葛德文则认为贫困并不是由人口增长引起的，而引起贫困的最终原因是当时的私有制的社会制度，因而对私有制进行了批判。马尔萨斯写了《人口原理》对葛德文的观点进行了反驳。

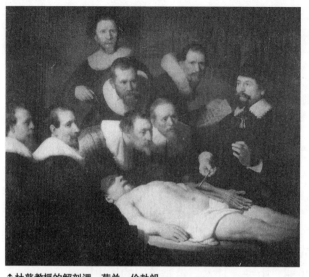

↑杜普教授的解剖课　荷兰　伦勃朗
医学的发展最大可能地挽救了人的生命，并且保证越来越多的人健康生活，这也是人口数量有增无减的重要原因。

善贫民状况，要取消对人口的抑制，那是根本办不到的。

第四卷题为"论消除或减弱由人口因素所产生的灾害的前景"，全卷共 14 章，在这卷中马尔萨斯宣称，与其他改进人口状况以消除人口过剩灾害性的方法相比，道德的节制不失为一个较好的办法。只有"道德抑制"才可能消除贫困和罪恶，给人类带来光明的前景。同时他还对社会将来的改进提出了设想和期望，认为社会和文化的进步将抑制人口的增进。在这卷的最后，他指出，财产的不平等不是社会贫富差距的直接原因，穷人无权向富人索要。

∷作品评价

马尔萨斯的《人口原理》是 200 多年来社会科学领域中争议最多的一部著作，是西方人口理论史上第一部比较系统的著作。由于《人口原理》一书的出版，人口问题逐渐引起人们的重视，并日益发展成为社会科学中一门独立的科学。从总体上看，马尔萨斯《人口原理》所表达的人口规律是错误的，因为他将人口规律看作仅仅是自然规律，但人在本质上是自然性与社会性的统一，其中社会性占主导；另一方面，马尔萨斯看到了社会化大生产条件下，经济生活的各个方面都必须保持一定的比例，而且比例不平衡必然引起一系列社会问题等，这些有其正确的一面，对后人有很大的启发作用。

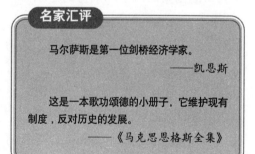

名家汇评

马尔萨斯是第一位剑桥经济学家。
——凯恩斯

这是一本歌功颂德的小册子，它维护现有制度，反对历史的发展。
——《马克思恩格斯全集》

资产阶级国家最早的法典

拿破仑法典

法国／编订者不详

∷内容提要

　　《拿破仑法典》分总则和 36 章，共 2281 条。第一篇为人法，主要内容是民事权利主体的规定。婚姻、亲子关系等关于民事权利主体的规定。第二篇为物权法，是关于财产和所有权的规定，包括财产分类、所有权、用益权等，贯穿了私有财产无限制的原则。第三篇为权法，是关于取得财产各种方法的规定。包括继承、赠予、遗嘱、契约之债、非契约之债以及质权、抵押权等，实行的是体现资产阶级的剥削自由的契约自由原则。这种体制就是后来被人们称为"三编制结构"的法典体例。

　　三编制结构体现了四个自由原则理念：主体平等、所有权绝对、契约自由和过错责任。1. 主体平等。《拿破仑法典》以解放人性为目标，将个人主义作为基础。按照个人主义，个人被想象为在自然状态中是自由和平等的，享有各种自然权利。虽然社会是必要的，但社会的最终目的仍然是个人。所以，法律应当保护个人的自由平等，保护个人与生俱来的权利。为了最大程度的保证个人的自由与权利，应把所有法国人置于平等的地位，承认所有的法国人都享有平等的民事权利，目标为防止公法对抗私法的侵犯，又规定了公权与私权相互独立的原则。2. 所有权绝对。所有权是一切权利的基础和起点，是人格化的物化，任何一个国家的民法典对所有权均有规定。《拿破

↑《拿破仑法典》封面

《拿破仑法典》是资产阶级国家中最早的一部法典，该法典根据巴黎达罗斯出版社1928 年法文版译出，中文版 1979 年由商务印书馆出版，编入"汉译世界学术名著丛书"，共 25 万字。

↑阿尔卑斯山上的拿破仑雄姿

拿破仑(Napolean)(1769年—1821年)，法兰西第一帝国的缔造者，卓越的军事家，野心勃勃的政治家。拿破仑纵横驰骋欧洲战场 20 多年，一生指挥大小会战 50 多次，赢得 35 次胜利，创造了资产阶级军事史上的许多奇迹。拿破仑战争大大刺激了资产阶级军事科学的发展。

背景提示

　　在 1799 年 11 月 9 日（雾月 18 日），拿破仑率军包围国会，发动政变。建立了大资产阶级专政的政权。为了消除封建性的分散的地方习惯法，实现法律的统一，以利于发展资本主义，巩固资产阶级政权，拿破仑就任命特隆歇等著名法学家组成民法典起草委员会，广泛征求意见，先后召开 102 次会议拟民法典。在整个过程中，拿破仑起了决定性的作用。1804 年 3 月 14 日，民法典正式通过，命名为《拿破仑法典》。虽然 1870 年易名为《法国民法典》，但习惯上仍叫《拿破仑法典》。

仑法典》所有权的灵魂是个人主义，并且以一种极端的方式赋予所有权人以绝对权。具体体现在法律条文上，就是该法典的第544条："所有权是对于物的绝对的无限制的使用、收益及处分的权利，但法律所禁止使用的不在此限。"法国学者卡伯涅对此条解释说，法国民法典与它的自由主义与个人主义相适应。致力于树立这样一种原则：所有人对其所有权的行使不受来自任何方面的限制，不受其他人所有权的限制，甚至也不受国家的限制。3. 契约自由。契约自由是意愿自治在私法中最直接的体现，在市场经济国家中占有十分重要的地位，契约是维系市民生存和完成社会分工协作的基本条件，而契约自由则是契约的生命和灵魂。契约自由权被认为是人之自由权中最重要的一种。《拿破仑法典》对契约自由权做了十分明确的规定。4. 过错责任。过错责任被认为是对个人自由权的另一种确认，它重新确认：只有在与人的意志选择有关的行为造成了他人的损失时，才要负责。《拿破仑法典》第1382条、1383条做了相应的规定。过错责任原则具有逻辑和道德上的双重说服力：一个人所选择的行为致人损害时，如果其选择具有过错，就具有了可受非难性，就必须付出代价。

> **名家汇评**
>
> 法典所表现出来的启蒙和解放，对于任何地方、任何时代的寻求自由与解放的人民，都有极大的教育意义，对于任何想建立新的法律秩序的人民也具有极大的益处。
>
> ——茨威格特
>
> 典型的资产阶级社会的法典，直到现在还是包括英国在内的所有其他国家在财产法方面实行改革时所依据的范本。
>
> ——恩格斯

::作品评价

　　《拿破仑法典》在风格等许多方面堪称杰作，其表述的生动明朗和浅显易懂，司法技术术语和设有交叉引证都颇受赞赏，对法典在法国民众中的普及做出了实质性的贡献。由于这部法典在立法技术上体系严谨，言简意赅，表达明确，所以，在相当长的时间里，"成为世界各地编纂新法典时当作基础来使用的法典"。

→拿破仑雕像
拿破仑一生战功显赫，但他却只为这部法典自豪，他认为自己以前取得的无数次军事胜利，可以被滑铁卢一役全部抹掉，而法典却是永存于法国人民的心中的。同时，在法国大军横扫欧洲时，对动摇欧洲大陆的封建秩序，促进被侵略国家的资本主义发展起了巨大历史作用。

西方近代军事理论的经典之作

战争论

德国／卡尔·克劳塞维茨

■作者介绍

　　卡尔·菲利普·戈特弗里德·冯·克劳塞维茨（Care Philipp Gottlied Von Clausewilz, 1780 年—1831 年），德国军事理论家和军事历史学家，普鲁士军队少将。他出生于普鲁士王国马格德堡附近的一个小税务官家庭，他还不满 12 岁时，就被父亲送进波茨坦的一个步兵团，1792 年，参加了普鲁士军队，1795 年晋升为军官，并自修了战略学、战术学和军事历史学。1803 年克劳塞维茨毕业于柏林普通军校，同年起任普鲁士奥古斯特亲王的副官，参加过 1806—1807 年普法战争。1808 年起在普军总参谋部任职。1808—1809 年任军事改革委员会主席办公室主任。1810 年 10 月起任军官学校战略学和战术学教官。同年 5 月，克劳塞维茨到俄军供职，1812 年俄罗斯卫国战争期间，克劳塞维茨先后任柏林骑兵军和乌瓦罗夫骑兵军的作战军官，参加过奥斯特罗夫诺、斯摩棱斯克和博罗季诺等会战。克劳塞维茨研究了 1566—1815 年期间所发生过的 130 多次战争和征战，撰写了论述荷兰独立战争、古斯塔夫二世·阿道夫战争、路易十四战争、腓特烈二世战争、拿破仑战争、1812 年卫国战争、1813 年德意志解放战争等许多军事历史著作。克劳塞维茨的主要著作是《战争论》。

↑卡尔·菲利普·戈特弗里德·冯·克劳塞维茨像

∷内容提要

　　《战争论》全书共 3 卷 8 篇 124 章，共约 70 万字。作为资产阶级军事科学的奠基之作，该书的内容极为丰富，对战争性质、战争理论、战略、战斗、军队、防御、进攻、战争计划等诸多方面阐发

经典摘录

● 战争是政治的工具；战争不可避免地具有政治的特性，……战争就其主要方面来说就是政治本身，但并不因此就不再按照自己的规律进行思考了。

了一些"在战争理论中引起一场革命的主要思想"。第一篇"论战争的性质"，第二篇"论战争理论"，第三篇"战略概论"，第四篇"战斗"，第五篇"军队"，第六篇"防御"，第七篇"进攻"，第八篇"战争计划"。其基本的思想观点是：

一、战争是政治的继续。克劳塞维茨认为，战争就如同一条变色龙，千变万化，各不相同。但战争的暴烈性，战争的概然性和偶然性却是其根本属性之

背景提示

克劳塞维茨所生活的时代，正是近代欧洲工业革命、民族革命和民族解放运动相继发生的时代。法国资产阶级革命和拿破仑战争的实践，宣告了封建专制主义陈腐落后的旧战争学说的彻底破产，在军事上引起了巨大变革。法国大革命、历次拿破仑战争和19世纪初欧洲各国人民的民族解放运动，对于克劳塞维茨世界观、军事观的形成，产生了决定性的影响。克劳塞维茨虽然对法国大革命持反对态度，但他同时也清楚地看出了这次革命在军事上引起的根本性变化，对封建主义军事理论进行了尖锐的抨击。

一。从战争与政治的关系看，政治是战争的母体，因而不应把战争看成独立的东西，而要看作是政治的工具，是为政治服务的。军事观点必须服从于政治观点。任何企图使政治观点从属于军事观点的做法都是错误的。战争爆发之后，仍是政治交往的继续，是政治交往通过另一种手段的实现，是打仗的政治，是以剑代笔的政治。

二、战争的目的就是消灭敌人。克劳塞维茨认为，战争的政治目的即是消灭敌人，而消灭敌人必然要通过武力决战，通过战斗才能达到，它是一种比其他一

↑滑铁卢战役

切手段更为优越、更为有效的手段。消灭敌人包括物质力量和精神力量两个方面。

三、战略包括精神、物质、数学、地理、统计五大要素。精神要素指精神力量及其在军事行动中的作用。物质要素指军队的数量、编制、各兵种的比例等。数学要素指战线构成的角度、向心运动和离心运动等。地理要素指制高点、山脉、江河、森林、道路等地形的影响。统计要素指一切补给手段等。克劳塞维茨认为，"这些要素在军事行动中大多数是错综复杂并紧密结合在一起的。"其中精神要素占据首位，影响战争的各个方面，贯穿于战争始终。"物质的原因和结果不过是刀柄，精神的原因和结果才是贵重的金属，才是真正锋利的刀刃。"

四、战略战术的基本原则。克劳塞维茨认为，数量上的优势在战略战术上都是最普遍的制胜因素。虽然在实际作战时，通常不可能处处形成优势，但必须在决定点上通过巧妙调遣部队，造成相对优势。一切军事行动或多或少地以出其不意为基础，才能取得优势地位，使敌人陷入混乱和丧失勇气，从而成倍地扩大胜利的影响。战略上最重要而又最简单的准则是集中优势兵力。用于某一战略目的的现有兵力应同时使用，越是把一切兵力集中用于一次行动和一个时刻越好。会战是战争的真正重心，由几个战斗所形成的大规模会战能有效地消灭敌军，所取的成果最大，故高级将领应当重视这种双方主力之间的战争，视其为挫败敌国交战意志的重要手段。

↑东欧君主瓜分波兰

克劳塞维茨主张"战争无非是政治通过另一种手段的继续"，否定战争本身就是目的。

五、战争中的攻防。克劳塞维茨认为，进攻和防御是战争中的两种基本作战形式。二者是相互联系、相互转化的。整体为防御，局部可能为进攻。进攻中含有防御因素，防御中也含有进攻因素。进攻可转变为防御，防御也可以转变为进攻。一般说来，防御有离自己的兵员和物资补给地较近，能依靠本国民众的有利条件，但它的目的是消极据守。进攻具有"占领"这一积极目的，并通过占领来增加自己的作战手段。

六、要积极向战争史学习。克劳塞维茨认为，战争理论是成长于战争经验土壤里的果实。战争史是最好的、最有权威、最能说服人的教师。战争理论和原则的提出，应当在研究战争史的基础上进行。当然，战争理论也要随着时代和军队的变化而变化，要适应特定国家的需要，具有时代的特点。

克劳塞维茨认为"每个时代均应有其特定的战争"，军事学术的变化是由"新社会条件和社会关系"引起的。这些判断是正确的。但他并不理解究竟是什么决定了军事学术的发展，所以他对这一点的解释是相当矛盾的。

克劳塞维茨在研究军事学术理论及其组成部分——战略学和战术学方面做了大量工作。他反对军事学术中的"永恒的原则"，认为战争现象是不断发展的。同时，他又否定在军事发展上存在规律性，并且断言"战争是一个充满偶然性的领域，是一个充满不确定性的领域"。

《战争论》的结论是："战争是政治的工具；战争不可避免地具有政治的特性，……战争就其主要方面来说就是政治本身，政治在这里以剑代表，但并不因此就不再按照自己的规律进行思考了。"对于克劳塞维茨的这一论点，列宁曾给予极高评价。

::作品评价

克劳塞维茨的《战争论》被誉为西方近代军事理论的经典之作，对近代西方军事思想的形成和发展起了重大作用。克劳塞维茨本人也因此被视为西方近代军事理论的鼻祖。克劳塞维茨是第一个在西方军事科学中明确提出了交战、战局乃至整个战争的一些实施原则，揭示了精神因素的制胜作用，这也是他对军事理论的重大贡献。

马克思主义以前资产阶级美学的高峰

美 学

德国／乔治·黑格尔

■作者介绍

乔治·威廉·弗里德里希·黑格尔（Georg Wilhelm Friedrich Hegel，1770年—1831年），德国近代客观唯心主义哲学的代表、政治哲学家，对德国资产阶级的国家哲学作了最系统、最丰富和最完整的阐述。黑格尔生于德国符腾堡公国首府斯图亚特一个官吏家庭。1780年起就读于该城文科中学，1788年10月去图宾根神学院学习，主修神学和哲学。黑格尔青年时代恰逢法国大革命，卢梭的思想对他产生了极大影响，他被法国革命崇尚的自由精神深深打动。他反对封建专制和民族分裂，渴望德国在政治上实现统一，把德意志民族的复兴与资产阶级革命联系起来，把立宪政治制度视为理想的国家制度。1815年拿破仑战争的失败、欧洲封建势力的复辟，使他的政治态度发生变化，放弃了激进的政治主张，开始赞颂现存的普鲁士王国，主张以此为基础而建立君主立宪制政体。1829年黑格尔当选柏林大学校长。黑格尔晚年对普鲁士王国表现出忠顺态度，但对法国革命始终持有好评，对德国保守派——历史法学派持反对态度。1831年11月14日病逝于柏林。黑格尔一生撰有大量政治论著，生前发表的有《评1815年和1816年符腾堡王国等级议会的讨论》、《法哲学原理》、《论英国改革法案》。后人编辑出版的有《德国法制》、《黑格尔政治和法哲学著作》等。

::内容提要

《美学》又名《美学讲演录》，共三卷，全书以"美是理念的感性显现"为中心概念，并由此衍化、生发出包括基本原理、艺术史、艺术分类在内的严密的美学思想体系。

经典摘录

● 美是理念的感性显现。

↑黑格尔像

总序阐明了美学的对象和研究方法，在黑格尔看来，美学的范畴在于艺术美，而不是自然美。美和艺术的科学的研究方式：一方面，从经验出发，对个别艺术作品进行观照和评价，认识艺术作品产生的历史环境；一方面，从理念出发，认识它们的自在本体、普遍性。

第一卷探讨艺术美的理念或理想。黑格尔认为，理念包含着概念的普遍性和客观实在的具体性，因而既是本质和内容，又是现象和形式，是两者的具体统一。他还提出了美的生命在于显现的观点。所谓"美是理念的感性显现"，就是借感性形式使理念放出光辉。艺术的一切感性形式，都是为了显示一种内在的精神。

第二卷论述艺术发展的历史类型。美的理念的一些重要差异显现为艺术的各种特殊的类型，它们是美的理念在不同历史阶段的发展，这三种不同类型的艺术为象征主义艺术、古典主义艺术和浪漫主义艺术。象征型艺术是艺术的开始阶段，是过渡到真正艺术的准备阶段。象征型艺术的理念与形象不和谐，但其神秘色彩表现出崇高风格。古典型艺术是艺术的中心，是恰当地实现了艺术概念的真正的

↑ 18世纪风靡欧洲的家庭音乐会

艺术。古典型艺术达到了理念与形象之间自由完美的协调，理念在感性形象中得到充分的显现。浪漫型艺术的基本原则是精神离开肉体，返回到本身。这也就是内在主体性的原则。浪漫型艺术的精神内容压倒了物质的表现形式，自由的心灵活动成了这种艺术的主要对象。但由于各人的独立性和环境的偶然性之间的矛盾日益尖锐，浪漫型艺术的衰亡是不可避免的。

第三卷详尽地讨论了各种艺术门类的体系。黑格尔认为，第一阶段的艺术主要是建筑，建筑是最早的艺术，实现了艺术的最初任务。建筑只是根据客观基础创造出一种外在形式，以象征方式暗示具有精神性和主体性的意义。东方民族的建筑是典型代表，其特点是物质超过精神，理念处于朦胧状态。因此建

筑属于象征型艺术。第二阶段的艺术主要是雕刻。雕刻用物质的东西，把精神表现于与之相适宜的肉体形象，使精神和肉体呈现为一个整体。它的特点是物质和精神吻合，理念被感性形象显现出来变为实有，因此，雕塑属于古典型艺术。第三阶段的艺术主要是绘画、音乐、诗歌。其特点是精神压倒物质，理念逐渐以物质中挣扎出来开始向自由的、无限的方向发展，因此，近代绘画、音乐、诗歌属于浪漫型艺术。艺术发展到了浪漫型就达到了最高峰。

::作品评价

黑格尔的美学是马克思主义以前资产阶级美学的高峰，它虽然在形式上是唯心主义的、神秘的，却在内容上包含了历史主义和辩证法的合理内核，成为马克思主义美学的重要来源之一，并为各种不同的美学思潮和流派留下了广阔继承、吸收和发挥的余地。

↑米洛斯的阿芙洛狄忒石像

进化论确立的标志

物种起源

英国／查理·达尔文

■作者介绍

　　查理·达尔文（Charles Darwin，1809年—1882年），是英国著名生物学家，生物进化论的最主要奠基人。其创立的生物进化论被恩格斯誉为19世纪自然科学三大发现之一。达尔文出生在英国的施鲁斯伯里，祖父和父亲都是当地的名医，家里希望他将来继承祖业。但从幼年起，达尔文酷爱博物学，迷恋于收集鸟类、昆虫、贝类与植物，养成了观察与系统记录的习惯。1825年，其父送他到爱丁堡大学学医，但达尔文对此毫无兴趣，继续在课外积极进行科学活动。1828年他父亲送他到剑桥大学改学神学，希望他将来成为一个"尊贵的牧师"。1831年达尔文毕业，获学士学位。他放弃了待遇丰厚的牧师职业，依然热衷于自己的自然科学研究。经博物学家汉斯极力推荐，达尔文于1831年参加英国海军贝格尔舰环绕世界的考察航行，历经5年。1836年返回英国，他一面整理这些资料，一面又深入实践，同时，查阅大量书籍，为他的生物进化理论寻找根据，先后发表了有关生物学及地质学的考察报告。1858年，他与华莱士的论文在林奈学会上由别人宣读，但当时未引起普遍注意。1859年，他出版巨著《物种起源》，在社会上引起极大反响。此后，达尔文的著作大多是对生物进化学说的进一步阐述和发展，有《动物和植物在家养下的变异》、《食虫植物》、《人类的起源》、《人类和动物的表情》、《蚯蚓对园田土壤形成的作用》等。达尔文长期多病，1882年卒于肯特郡。

↑查理·达尔文像

背景提示

　　达尔文年轻时代，正是生物学领域处于"神创论"与生物进化思潮激烈斗争的时期。当时占统治地位的宗教神学认为，地球上各种生物都是按上帝的意志、计划创造出来的，地球上的生物物种被上帝创造出来，其种类永远不会变化。这就是"物种不变论"。相反，无神论者和坚持唯物主义的自然科学家则认为，地球上的各种生物不是上帝创造的，而是在一定外界条件、环境的影响下，逐渐进化、演变而来的。这就是"进化论"。同时正是英国资产阶级完成工业革命，进一步扩张掠夺海外殖民地的时期，英国政府派遣大量舰船和探险队到世界各地进行探险和科学考察。

::内容提要

　　《物种起源》全书共 15 章，另有"本书第一版刊行前，有关物种起源的见解的发展史略"和绪论两部分。"史略"对 18 世纪中叶起，生物进化论的萌芽时期作了详细、科学的回顾。"绪论"对该书成书过程作了交代。全书系统地阐述了他的生物进化学说。其核心——自然选择原理的大意如下：生物都有繁殖过剩的倾向，而生存空间和食物都是有限的，所以生物必须为生存而斗争。在同一群体中的个体存在变异，那些具有能适应环境的有利变异体将存活下来，并繁殖后代，不利变异体则会被淘汰。如果自然条件的变化是有方向的，则在历史过程中，经过长期的自然选择，微小的变异就得到积累而成为显著的变异，由此可能导致亚种和新种的形成。

　　达尔文在《物种起源》中阐明了这样的科学原理：自然界中生物的物种不是不变的，而是由低级向高级逐渐进化发展的。进化学说包括以下几点：1. 多数变异是微小的，在自然状态下显著的偶然变异是少见的，即使出现也会因为杂交而消失；2. 自然界的变异是连续过渡的，从个体差异到轻微的变种、显著的变种、亚种和新种；3. 自然选择：生物都有按几何级数增加个体数目的倾向，但是资源（如空间、食物等）又是有限的，因而，同一物种内的不同个体以及不同物种之间为获得生存机会而斗争（竞争），并导致大量个体的死亡。 4. 一些经过修改和发展的概念，主要为性状分歧（达尔文从家养动植物中看到，由于按照不同的需要进行选择，一个原始共同祖先类型，即野生品种，可以被培养成许多形态特

↑创世记 意大利 拉斐尔

作品表现了宗教神学的观点：上帝创造了一切。画面左下角亚当左手无力地抬起，缓缓前伸，右上方的上帝则伸出右手食指，赐予被他创造出的亚当生命的力量。

征显著不同的家养品种。同样，自然界的同一个种内个体之间的形态、习性差异越大，则适应不同环境方面越是有利，因而将会繁育更多的个体，分布更为广泛。随着差异的积累，分异（歧异）越来越大，原先的一个种就会逐渐变为一系列变种、亚种乃至不同的新种。这就是性状分歧（分异）的原理。

达尔文还阐述了地理隔离对性状分歧和新种形成的促进作用，被大洋隔离的岛屿上山雀和海龟的变异就是典型的例子。在一个地域内，由于资源（如空间、食物等）是有限的，因此每一个地区所能维持（支持）的物种数量及生物个体数量是有限的。生存斗争、自然选择的结果便导致具有有利变异的类型个体数目增加，相对劣势类型个体数目则减少直至被淘汰或灭绝。随着性状分歧的加大，新种不断形成、老种灭绝，特别是由于中间过渡类型的灭绝，不同物种之间形态差异逐渐扩大。而在生物分类的实践中，相同的物种归于一个属，相近的属归于一个科，相近的科归于一个目。如果从时间和空间两个方面来看，生物的分类系统形成过程就好像一株不断分叉的大树，对此，达尔文曾用一株大树对自然选择的原理做过生动形象的描绘。

::作品评价

《物种起源》第一次把生物学建立在完全科学的基础上，以全新的生物进化思想，推翻了"神创论"和物种不变的理论。《物种起源》是达尔文进化论的代表作，标志着进化论的正式确立。尽管也有缺陷与不足之处，但它无疑是一本划时代的科学巨著，是科学领域中的一场大革命，以至直到现在人们还是把全部生物学的历史分为达尔文以前和达尔文以后两个时期。经过100多年的论争，《物种起源》胜利了，这是科学对宗教的胜利，进化论学说已经成为人类进步的世界观的一个不可分割的组成部分。

名家汇评

英国著名动物学家赫胥黎写信给达尔文说："为了你的理论，我准备接受火刑"，"正在磨砺爪和牙，为对付他们作准备。"

李卜克内西对达尔文著《物种起源》作过生动的比喻："达尔文远离大城市的喧嚣，在他宁静的庄园里准备着一个革命，马克思自己在世界熙攘的中心所准备的也正是这种革命，差别只在杠杆是应用于另一点而已。"

恩格斯将达尔文的进化论与细胞的发现、能量守恒和转化定律誉为"19世纪自然科学的三大发现"。

马克思主义的精髓所在

资本论

德国／卡尔·马克思

■作者介绍

　　卡尔·马克思（Karl Marx 1818年—1883年），无产阶级的伟大导师，马克思主义创始人之一，伟大的革命家、科学家、思想家、科学社会主义的奠基人。马克思于1818年5月5日出生于普鲁士莱茵省的特利尔城的一个律师家庭。1835年在家乡特利尔中学毕业后进入波恩大学学习法律，一年后转入柏林

↑卡尔·马克思像

大学法律系学习，但马克思在此期间研究最多的是历史和哲学，他志向远大，立志造福于全人类。1838年，马克思参加了青年恩格尔派的"博士俱乐部"，并立刻成了这个团体的精神中心。在1841年大学毕业时写的毕业论文题目为《德谟克利特和伊壁鸠鲁的自然哲学的区别》，并由此而获得耶拿大学博士学位。1842年为《莱茵报》撰稿并成为该报的主编，由于该报的革命民主倾向越来越明显，于1843年4月被当局查封。马克思于1845年移居布鲁塞尔，在此期间与恩格斯结下了深厚的友谊。1846年创立共产主义通讯委员会。1847年与恩格斯一起加入正义者同盟，并将该同盟变成共产主义同盟，同年12月与恩格斯撰写《共产党宣言》，并指导国际共产主义运动的开展，1864年成为第一国际的创始人和领导者。1883年3月4日，马克思逝于英国伦敦。马克思的其他著作还有：《1844年经济哲学手稿》、《德意志意识形态》、《哲学的贫困》、《共产党宣言》等。

背景提示

　　在19世纪中期，资本主义经济已发展到较高水平，资本主义世界中的主要矛盾由原先的资产阶级和封建地主阶级之间的矛盾转化为资产阶级和无产阶级之间的矛盾，这个矛盾随着资本主义经济的发展而变得更加严峻和突出。无产阶级在资产阶级的剥削和压迫下，开始自发地进行反抗和斗争，但是他们以最初砸坏机器、焚烧厂房等形式带来的并不是胜利，相反资产阶级却加重了对他们的剥削。从反抗中可以看出无产阶级的斗争意识开始出现，也预示着新的革命即将到来，然而这是个漫长的过程，既需要工人阶级自身力量的不断壮大，更需要有科学的理论指导。

::内容提要

《资本论》是马克思对资本主义社会的各种现象做了大量深入研究后完成的，集中反映了马克思的经济思想。1867 年 9 月第一卷问世，马克思逝世后，恩格斯编辑出版了第二卷和第三卷。

《资本论》第一卷《资本的生产过程》的核心内容是剩余价值的产生，马克思是按劳动价值论、剩余价值论、工资理论、资本积累理论这四个部分来论述这一核心的，从而揭示出资本主义产生矛盾的实质。

一、劳动价值论：商品是一切以交换为目的而生产的劳动产品，它有使用价值和价值的二重性。商品的二重性由生产商品的劳动的二重性即具体劳动和抽象劳动决定。商品的价值从量上看是由社会必要劳动时间决定的，但从本质上看是人类无差别劳动的凝结。商品的价值只有通过商品之间的相互交换才能表现出来，在商品的交换过程中，随着商品经济矛盾的发展，出现了一般等价物——货币。

↑三等车厢

↑《资本论》书影

货币具有价值尺度、流通手段、贮藏手段、支付手段和世界货币五种职能。价值在货币出现后，就以价格价值规律即劳动决定价值和等价交换的规律起作用。

二、剩余价值论：资本最初是表现为一定量的货币，但在流通结束时会发生增殖，而货币则不会。资本能够增殖的原因在于劳动力成为商品。劳动的消费过程也是资本主义的生产过程，它具有二重性，即一方面它是一个劳动的过程，另一方面它又是价值形成和增殖的过程，工人的劳动分为必要劳动和剩余劳动。而在剩余劳动时间内创造的价值则形成被资本家无偿占有的剩余价值。资本主义剥削的秘密在于把工人的劳动时间延长到必要劳动时间上，从而生产剩余价值。

三、工资理论：资本主义工资实际上是劳动力的价值或价格。工资的形式有多种多样，其中主要有计时工资和计件工资。工资制度是资本家剥削工人的主要工具。

四、资本积累理论：资本主义生产是再生产过程，在这一过程中不仅生产出一定的物质资料，而且再生产出资本主义的生产关系。资本主义扩大再生产的源泉是资本积累，而资本积累就是剩余价值的资本化，其实质就是用无偿占有的剩余价值的一部分。

《资本论》第二卷《资本的流通过程》分析了剩余价值的实现条件，进而更进一步地揭示了资本主义的基本矛盾。1.资本循环和周转理论。资本在运动

↑全世界无产者联合起来

工业革命的到来，使欧洲产生了悲惨的工人阶级，而马克思则成了所有无产者的代言人。

相关链接

《共产党宣言》，是马克思、恩格斯于1847年12月至1848年1月共同写成，以"共产主义者同盟"党纲的形式于1842年2月发表。它的诞生为人类开辟了一个无产阶级的新纪元。在《共产党宣言》中，进一步论证和发展了关于资本主义发生、发展和灭亡的规律，指出资本主义生产关系比旧的生产关系大大促进了生产力的发展。同时从资本主义生产力与生产关系的矛盾中深刻地揭露了经济危机的根本原因，并把危机与资本主义的崩溃联系起来，从而大大发展了经济危机学说。《宣言》深刻地揭示了资产阶级社会生产关系的特征，论证和发展了关于无产阶级生产、发展及其伟大历史使命的学说。

过程中依次通过三个阶段：购买、生产和销售三个阶段，一次采取三种职能形式：货币资本、生产资本和商品资本，并各自完成一种特殊职能，最后回到原来的起点，这一过程就是资本的循环。资本循环周而复始，不断重复进行就是资本周转。2. 社会资本再生产理论。相互联系、相互依存的单个资本的综合就是社会资本，社会总产品是考察社会资本再生产的起点。社会总产品在价值形态上由 C+V+M 构成（C 是不变资本，V 是可变资本，M 是剩余价值），与此相应，社会生产分为生产资料的生产和消费资料的生产两大部分。

《资本论》第三卷《资本主义生产的总过程》分析了剩余价值的各种现实形态，从而说明工人不仅受到单个资本家的剥削，而且受到整个资产阶级的剥削，工人阶级要改变自己的地位只能推翻整个资产阶级的统治。

::作品评价

《资本论》的问世完成了马克思政治经济学说史上的一次巨大飞跃，它所展示的伟大思想实现了革命性和科学性的统一，至今对全世界都产生着重大影响。马克思是资本主义制度的掘墓人，他在经济学上的最大贡献在于揭露了资本主义基本的矛盾，在总结前人经济学成果的基础上创建了新的政治经济学。马克思的经济理论揭示了资本主义制度的矛盾，对共产主义事业具有指导作用，构成了马克思主义的一个重要组成部分，成为无产阶级反对资产阶级的一个强大思想武器。

名家汇评

自地球上有资本家和工人以来，没有一本书像我们面前这本书那样，对于工人具有如此重要的意义。资本和劳动的关系是我们现代全部社会体系所赖以旋转的轴心，这种关系在我们这里第一次作了科学的说明，而这种说明之透彻和精辟，只有一个德国人才能做到。

——恩格斯

学术史上第一部用人类学材料写成的原始社会的发展史

古代社会

美国／路易斯·亨利·摩尔根

■作者介绍

路易斯·亨利·摩尔根（Lewis Henry Morgan，1818年—1881年）是美国人种学家和科学人类学的创始人，尤其是以建立亲属关系系统的研究和社会进化的综合理论著称于世。他出生于美国纽约州奥罗拉镇附近的一个农庄，父亲是个富裕的农庄主。1840年，摩尔根以优异的成绩毕业于罗彻斯特联合学院。1842年获得律师资格，两年后，在罗彻斯特开设律师事务所，直至去世。摩尔根在美国学术上享有很高的声誉，1873年获得美国联合学院的名誉博士学位，1875年当选为美国国家科学学会会员，1880年任美国科学促进会主席。摩尔根一生勤奋好学，酷爱钻研，从小就对家乡附近的易洛魁人的风俗感兴趣，大学毕业后，组织了一个研究印第安人的学会——"大易洛魁社"。他作为律师竭力为印第安人辩护。1846年，摩尔根被易洛魁人塞内卡部落鹰氏族收为养子，这就为他进一步了解易洛魁印第安人的社会组织和文化生活，考察他们的宗教信仰、民族习俗和婚姻状况提供了条件。1851年，他写成了第一部专著《易洛魁联盟》，是世界上第一部以科学态度研究印第安人的著作。而后他对世界各民族的亲属制度进行了广泛调查了解，经过近十年的不懈努力，掌握了人类139个部落和民族的近20种亲属制度的资料。从1862年到1865年，他整理写出了第二部著作《人类家族的亲属制度》，创立了完整的家庭发展史。自此以后，他埋头撰写最重要的著作《古代社会》。在晚年时他仍不辞劳苦进行实地考察，并把自己长期积累的有关印第安人房屋的图画和照片等资料整理成书，也就是他的最后一部著作《美洲土著的房屋和家庭生活》，这本书可视为《古代社会》的补编，用房屋建筑的发展来印证美洲印第安人部落社会的发展。摩尔根抱病写完最后一部著作之后，于1881年12月17日病逝。

←威兰多夫的维纳斯

这尊石灰石女性雕像出土于奥地利，约制作于公元前35000年－前8000年间，丰满的身材显示出年龄和怀孕状态的影响，两条细长的手臂搭在胸部。是丰产仪式中女神的代表。

::内容提要

《古代社会》一书全称是《古代社会，或人类从蒙昧时代经过野蛮时代到文

━━━━━━━━━━━━━━━━ 背景提示 ━━━━━━━━━━━━━━━━

　　摩尔根生活的时代，正是资本主义制度发展中的一个重要阶段。在美国，南北战争消灭了南方的奴隶制，工农业资本主义蓬勃发展，引起了思想领域的巨大变化。在学术领域里，生物进化论和社会进化论普遍流行，在达尔文的影响下，许多社会科学家开始用进化论的观点解释人类社会，对原始社会史研究提出了一些有价值的见解。1861年，瑞士学者巴霍芬的《母权论》的出版，标志着人类家庭史研究的开端。另外，考古学、人种学、地质学等学科的迅速发展，也提供了大量的参考资料。摩尔根对上述科学成果极为关注，并对进化论产生了浓厚兴趣，并深受其影响，同时，傅立叶和欧文的空想社会主义理论也影响到了摩尔根，他对未来社会的共产主义要求的思想大概源于此。既需要工人阶级自身力量的不断壮大，更需要有科学的理论指导。

明时代的发展过程的研究》。全书分为四编，共 26 章，从原始人类生产技术发明和发现的发展、社会组织结构的发展、婚姻家庭形式的发展以及财产制度的发展这四个方面深入探讨了人类早期社会发展的规律。

　　第一编《各种发明和发现所体现的智力发展》共 3 章，主要根据生活资料和生产的进步，把历史划分为蒙昧、野蛮和文明三个时代，把前两个时代又划分为低级、中级、高级三个阶段。阶级社会以后的历史属于文明时代。作者提出了"生存技术"理论，详细论述了五种依次相接的"生存技术"，阐明了物质生产力是人类社会进步的决定性因素。同时，摩尔根将人类在近代社会、中世纪、希腊和罗马的文明时代、野蛮时代、蒙昧时代的主要成就分门别类，予以比较，得出了"人类发展进度成几何比例"的结论。

　　第二编《政治观念的发展》共 15 章，占全书 60% 的篇幅，也是最重要、最精彩的部分。摩尔根阐述了他的原始社会学说的核心部——氏族的组织结构及其基本特征。他以易洛魁人和希腊人、罗马人为例，分别剖析了母系氏族、父系氏族的典型形式，并以非洲、亚洲、澳洲和欧洲等众多民族的资料为依据，论证了氏族制度的普遍意义。概言之，此编以大量资料深刻阐述了社会形态的发展过程，即由血缘关系组成的氏族社会过渡到以地域和财产为基础组成的政治社会即国家。

　　第三编《家庭观念的发展》共 6 章，从研究各民族的亲属制度入手，论述了人类婚姻和家庭发展史，提出了从杂交经群婚到一夫一妻制的家庭进化理论。摩尔根采用从亲属制度追踪婚姻家庭形式的科学方法，阐述了人类历史

↑伊拉克的挤牛奶石

经典摘录

● 人类的各种主要制度都起源于蒙昧社会，发展于野蛮社会，而成熟于文明社会。
● 政治上的民主，社会中的博爱，权利的平等和普及的教育，将揭开社会的下一个更高级的阶段，经验、理智和知识正在不断向这个阶段努力。这将是古代氏族的自由、平等和博爱的复活，但却是在更高形式上的复活。

上顺序相承的五种婚姻家庭形式：血婚制（血缘）家庭、伙婚制（普那路亚）家庭、偶婚制（对偶）家庭、父权制家庭（特殊形态）和专偶制家庭即一夫一妻制，分析了每一种家庭形式的基本特征及其发生、发展的情况。

第四编《财产观念的发展》共2章，是全书的总结。追述了财产关系在原始社会各个阶段直到阶级社会的发展变化，阐明了历史上存在着两种财产所有制，即公有制和私有制，以及由前者向后者的转变。作者指出，原始社会曾出现过三种财产继承法，第一种必须留在本氏族内，第二种是通过男性追溯到同一祖先的人，死者的子女居之首位，第三种是由已故所有者的子女继承。在此基础上，作者对私有制财产的作用做了深刻论述，并在本书的末尾揭露了资本主义社会的本质和它必然灭亡的命运。预见未来的社会"将是古代氏族的自由、平等和博爱的复活，但却是在更高形式上的复活"。

::作品评价

《古代社会》是以进化论思想为指导，通过几十年的调查研究写出的一部综合性的人类学著作，也是学术史上第一部用人类学材料写成的原始社会的发展史。它在科学史上第一次比较系统全面的阐明了原始社会的生产生活、社会结构、婚姻家庭等主要制度的基本特征及其发展情况。恩格斯评价《古代社会》在论述社会的原始状况方面，像达尔文学说对于生物学那样具有决定性的意义。由于历史条件的限制，摩尔根是自发的唯物主义者，而不是自觉的唯物主义者，并且所使用的有些材料不完整或不准确，影响了作品的科学性，但瑕不掩瑜，《古代社会》仍是一部伟大著作。

名家汇评

摩尔根是第一个具有专门知识而想给人类的史前史建立一个确定的系统的人。他所提出的分期法，在没有大量增加的资料认为需要改变以前，无疑依旧是有效的。

摩尔根《古代社会》一书是对马克思主义奠基人的历史理论的极其重要的补充。摩尔根关于"古代"社会即阶级以前的社会是以氏族联系、血缘联系为基础，以原始民主原则为基础的社会的学说，正好填补了历史过程观中的空白。"氏族社会"概念取代了过于广泛的"亚细亚生产方式"概念，……随着阶级以前社会制度概念的出现，一切就各得其所了。

——托卡列夫

重估美的价值

悲剧的诞生

德国／弗里德里希·尼采

■作者介绍

弗里德里希·尼采(W. Friedrich Nietzsche ,1844年—1900年)是19世纪末德国著名哲学家、权力意志论者，德国古典语言学家、美学家、诗人。他出生于普鲁士萨克森州罗肯镇的一个牧师家庭。父亲和祖父都是路德教派的牧师，尼采从小就受到宗教气氛的熏陶，中学时爱好诗歌和音乐。1864年进入波恩大学学习神学和古典语言学，次年放弃神学，转入莱比锡大学，开始接触叔本华的著作。1869年任瑞士巴塞尔大学语言学教授，接着，莱比锡大学免试授予他博士学位。1872年，尼采发表第一部美学作品《悲剧的诞生》遭人抨击，威信扫地，但仍埋头从事著述。1879年因病辞去巴塞尔教授，专事著述，从此开始无职、无家、无友的孤独生活。1879年—1889年初，尼采辗转意大利、瑞士、法国、德国的一些城镇之间，离群索居，闭门写作。1889年元月初，不慎摔倒在地，从此精神失常，身体状况每况愈下，直至1900年8月25日离开人世，终身未婚。尼采精通希腊文和拉丁文，对古希腊文化有精深研究，具有非凡的文学和音乐天赋，他的主要著作有：《太有人性的人》、《曙光》、《快乐的科学》、《查拉斯图拉如是说》、《善恶的彼岸》、《反基督徒》和遗稿《权力意志——重估一切价值的尝试》。

↑弗里德里希·尼采像

尼采是最有影响的现代思想家之一，他多次试图揭示对一代代神学家、哲学家、心理学家、诗人、小说家和剧作家有着深刻影响的支承传统的西方宗教、道德和哲学的根本动机。

∷内容提要

《悲剧的诞生》是尼采第一部出版的著作，也是他的美学代表作。尼采在文中以探讨古希腊悲剧的起源为线索，阐述了以苏格拉底为转折标志的古希腊前后期文化的根本区别，对弘扬人的自然生命、以勇士般的、审美的态度对待个体生命根本性悲剧命运的前期古希腊文明大加推崇，指出人具有日神精神与酒神精神两种根本

● 思想不仅能够认识存在，而且能够修正存在。

性的对立冲动，前者以理性的静观创造外观的幻境，维护个体以获得生存的意义；后者以个体化的毁灭为手段，返归作为世界本原的原始生命冲动，从而获得最高的审美愉悦和生存意义。两者的统一产生了古希腊悲剧；审美是人赖以生存的唯一价值。尼采在作品中还分析了酒神艺术在现代再生的可能性。《悲剧的诞生》的基本思想主要体现在以下三方面：

（一）艺术源于日神与酒神精神的对立统一。尼采认为，早在古希腊，艺术就包括两种精神，一是酒神，即狄奥尼苏斯；二是日神，即阿波罗。酒神用酒使人在沉醉中忘掉自己，尽情放纵情欲，甚至蓄意毁掉个人，在酒神状态中，是"情绪的总激发和总释放"。日神是光明之神、造型之神，是美的外观象征。悲剧起源于这二者的融合，而希腊艺术的不朽源于希腊文化中这两种对立又统一的精神。

（二）艺术是人生的救难仙子。尼采认为，面对着艰难困苦的人生，唯有艺术才使人们不会产生厌世的消极心境。因而，他在本书的"序言"中对艺术提出了自己独到的看法。"对于这些严肃的人来说，我只能这样对他们说：我确信艺术是人类的最高使命和人类天生的形而上活动，我要在这里把这部著作奉献给人类，奉献给走在同一条路上的人类的先驱者。"尼采把人生与美联系起来，强调

↑众神聚会

画面表现了森林里众天神饮酒相会的场面。在尼采看来，酒神带给人的是沉醉、放纵、迷失。

艺术表达生活的作用的时候，把美与艺术绝对化，认为美只有与人生联系起来才有意义。

（三）人生就是悲剧美。尼采通过对希腊文化的研究发现：希腊人对人生的痛苦、艰难与恐怖有着细致而深刻的感受，但他们不悲观厌世，逃避现实，而是勇敢地接受命运，面对人生。希腊人的这种精神体现了人生的悲剧美。由于苏格拉底的出现，古希腊文化中的悲剧精神被一种理智而乐观地看待世界与人生的态度所取代，古希腊文化开始走向没落。而中世纪的基督教神学以及近代的理性主义运动更使悲剧精神丧失殆尽。尼采认为唯有在悲剧文化中，人才能观照到世界的真实性，才能承受人类所有的得失、新旧、希望和胜利。因此，尼采对人生的态度是乐观和积极的，他倡导日神与酒神相结合的即生命力强的、积极向上的、不断进行创造性活动的人生。

::作品评价

尼采在《悲剧的诞生》中，通过对古希腊悲剧艺术的探讨，揭示出他对艺术、文化、历史、社会、人性、道德等许多问题的基本观点，第一次把他的哲学、美学思想公之于世。在此书中，尼采的唯意志论、超人哲学、非理性主义已初见端倪。尼采在美学上的成就在于以美学解决人生的根本问题，即提倡一种审美的人生态度。尼采是一个十分重要而又有争议的复杂人物，他的美学思想具有全面反传统的性质，对 20 世纪的西方现代美学和文学艺术的发展产生了极为重大的影响。

↑日神阿波罗雕像

作为光明之神的阿波罗在希腊宗教中其实具有多种职能和意义，在一切希腊神中被崇奉得最广泛，也最有影响。

"第五福音书"

查拉斯图拉如是说

德国／弗里德里希·尼采

::内容提要

　　《查拉斯图拉如是说》包括一个序篇和四个部分，整部书都以散文诗的形式写出，中心主题是"永恒的循环"，论述无限时间里的有限世界，认为存在即"永无休止的发生形式"。

↑尼采故居

1879年到1889年这10年里，尼采由于健康状况持续恶化，辞去公职开始独处。他住过瑞士的寄宿公寓和法国的里维埃拉。在那里，他埋头创作，只与少数几个人来往。他的多部作品就是这期间创作的，如《查拉斯图拉如是说》、《偶像朦胧》、《反对基督者》等等。

本书描写的查拉斯图拉的形象是：查拉斯图拉与狄奥尼苏斯之间有着一定的血缘关系，但二者又不能等同。后者是神话形态的，前者是哲学形态的。但查拉斯图拉还是继承了狄奥尼苏斯的基本属性，如他的力量、狂放、生命激情、被撕碎后的再生等。像古波斯所崇尚的那样，查拉斯图拉既真实又勇敢，在他身上至少具如下特征：第一，他聪明睿智，有深刻的洞察力，是"善良人的心理学家"；第二，他真挚过人，不虚伪；第三，他勇敢过人，敢于面对最可怕、最可疑的事物。他是一个具有真实、完整人格的人物，有着鲜明的个性和栩栩如生的形象。

↑弗里德里希·尼采像

《查拉斯图拉如是说》有三个基本论题：强力意志、重新估价一切价值、永远循环的学说。所谓"强力意志"就是指生命追求强大力量的意志，进而强化自己的支配力、统治力和影响力。在

经典摘录

● 用文字，也包括文字的韵律，表达一种状态，一种充满激情的内在的紧张。

这里，强力本身就是一种彻头彻尾的动力，强力存在于强力的释放之中。而强力在释放中不断强化自己力量的过程就是强力意志实现的过程，所以，从这个意义上说，强力和强力意志本身就是统一的。但当人试图用强力支配自己的现在和未来时，他发现过去所有的价值根本不适用，甚至是违背生命意志的，于是我们就

背景提示

西方主要资本主义国家包括德国正经历着重大的历史转折，以往许多被奉为神圣的社会秩序、国家尊严、道德观念弊端百出。《查拉斯图拉如是说》一书的产生，还有着深刻的宗教根源，一般人都把尼采当作反宗教的斗士，其实这只是他对待宗教的一个方面，但尼采的认知始终受到强烈的"宗教的基本冲动"的操纵。尼采终生都在与他所信奉的宗教进行斗争，与上帝搏斗，这同时也证明基督教对尼采有着多么深厚的影响。当尼采构思《查拉斯图拉如是说》时，其中心人物与写作形式都直接受启于波斯的阿维斯托教，查拉斯图拉就是教派的神秘创始人。

相关链接

　　《论道德的谱系》堪称尼采道德哲学的代表作，它比《查拉斯图拉如是说》在理论上更为明晰，尼采本人认为此书是理解他超人哲学的必由之路。这本书由三篇论文构成，第一篇讨论关于基督教的心理状态：基督教起源于怨恨心理，本质上是一种反抗运动；第二篇讨论良心的心理性质，在这里，残忍第一次表现为文化基础中一种最古老、最不可缺的因素。第三篇是考察苦行主义者的理想、教士的理想的动力来源。《论道德的谱系》的总意是探讨道德偏见的起源。

↑尼采与亲朋在一起

尼采曾经写到，"有些人是死后才出生的"，这对尼采本人来说确实如此，如果没有尼采，20世纪的哲学、神学和心理学的历史就会难以理解。德国哲学家M.谢勒、K.亚斯贝斯和M.海德格尔，都曾在他的影响下进行工作，20世纪最伟大的思想家M.布贝尔说尼采是他一生中所受的三大影响之一。

必须按照生命的存在和发展的价值标准重新评估以前所有的价值。无论是强力还是新价值，都不希望实现自己的目的。因为一旦他使用强力实现了目的，强力的存在就不再必要，同样，一旦新价值得以实现，它们的存在已没有必要了。看来并没有什么最终的目的，也没有什么最终的价值和意义，一切都在永远循环。《查拉斯图拉如是说》就是对这三个基本论题的演绎。

↑《查拉斯图拉如是说》的基本概念是永久循环论："一个人为了成为他自己，为了生活，强烈渴望每一瞬间毫无变化地进行无限次重复"。"能够不自欺或回避而接受循环论的人是超人"。

尼采宣称："上帝已经死了！我教你们什么是超人。"他认为，人类是应当被超越的，超人是大地之意义。人类是系在兽与超人之间的一根悬在深谷上的软索，向前或向后，停留或战栗都是危险的。人类之伟大之处就在于它是一座桥而不是一个目的，可爱之处就在于它是一个过程与一个没落，人类最伟大的事，就是"大轻蔑之时刻"。在人的思想和感情之后，立着一个强大的主宰、未被认识的哲人——那就是"自己"，它住在你的肉体里。国家是冷酷的怪物中之最冷酷者，它是为大多多余的人而发明的，是大众的慢性的自杀。多余的人是一些疯人，是爬行的猴子和患热病者，给予的道德是最高的道德，它是稀少而无用的，它放射着柔和的光辉。当人们共有一个意志，而一切困难之制服成为必要时，那便是新道德的起源。这新道德便是权力，它是一个主宰的思想及其绕着这一思想的聪明的灵魂。

"上帝只是一个假定，超人却能够创造"，超人的"权力意志是不竭的创造性的生命意志"。尼采认为，生命是一道快乐之泉，但贱种也来就饮，泉水就被毒化了。

::作品评价

尼采自己对《查拉斯图拉如是说》的评价相当高，认为这本书会在他的思想发展史上占有特殊的地位，把这本书称为是继基督教后的"第五福音书"。

名家汇评

从第一字到最后一字，都是铿锵有力的，充满了乐感，而且无论是挑衅的批判，还是直接的诅咒都表达得十分圆满。

——勃兰克斯

社会学理论的开山之作

社会学原理

英国／赫伯特·斯宾塞

■作者介绍

赫伯特·斯宾塞（Herbert Spencer，1820年—1903年），19世纪下半期英国功利主义哲学家，社会学家和教育家。他出生于英格兰德化郡的一个风景秀丽的乡村里，其祖父、父亲、叔父都是教师。斯宾塞少年时代在家庭接受父亲的教育，但一生没上过大学，完全靠自学成才。他自小身体虚弱，主要在家里养护，13岁时才被送到叔父家接受更严格的科学训练，经过三年的学习，他掌握了欧几里得几何学、三角学、拉丁文、希腊文、机械学、化学和政治经济学等课程的知识，他特别喜欢数学和机械学，最感兴趣的是独立观察、分析、探讨问题。1837年，17岁的斯宾塞按照父亲希望的那样开始了他的教学生涯，到了一所学校做代课教师，同年因其优异的数学成绩而被其父亲的好友邀去参加筑路工程。1837年—1846年间，斯宾塞

↑斯宾塞像

一边担任筑路工程技术员，一边继续钻研力学、机械学、测量学、地质学以及有关工程技术。后来他还接触到了达尔文的进化论，并产生了浓厚的兴趣，力图运用进化论思想，考察社会政治问题。1848年—1853年，斯宾塞担任了《经济学家》杂志编辑。1850年写出《社会静力学》，1852年出版《进化的假说》。1855年他出版了《心理学原理》，1858年，开始撰写《综合巨著》，这部巨著共十卷，内容包括《第一原理》、《生物学原理》、《心理学原理》、《社会学研究》、《伦理学原理》、《社会学原理》，1896年完成。在此巨著撰写和出版前后，斯宾塞还在杂志上发表了《智育》、《德育》、《体育》以及《什么知识最有价值》四篇教育论文，1861年将之汇集成册在美国出版，引起了欧美各国的普遍重视，该书先后被译成法、俄、德、拉丁、荷兰、丹麦等几十种文字，发印数百万册，其中《什么知识最有价值》的一文影响最大。1903年12月斯宾塞病逝，享年83岁。

::内容提要

　　《社会学原理》共三卷，于1876年—1896年之间出版。在这部社会学著作中，斯宾塞深入地阐发了社会有机体论和社会进化论的思想。

　　第一卷，主要论述各种形成和影响社会现象的因素，如气候、地形、土地肥沃程度等外部因素和社会成员的体质、耐力、情绪、知识、思想取向等内部因素，以及社会人口、语言、法律、风俗等其他因素对社会形成发展的影响。他认为，在各种因素中，社会成员的智力对社会的影响是主要的。在该卷中斯宾塞花了很大篇幅探讨社会是什么，比较了社会和生物有机体的异同，阐明了社会有机体论观点。

───── **背景提示** ─────

　　斯宾塞生活的时代正是英国经过产业革命后资本主义迅速发展的时代，所谓"日不落"帝国时代。但由于英国资本主义在产业革命后逐渐形成，缔造了英国社会结构的新面貌，中产阶级脱颖而出，不仅是社会改革的思想浪潮逐渐形成发展的年代，而且是科学知识具体应用于人类生活方式而使之改变的一个时代。在斯宾塞的思想中，可以清晰地发现他对科学知识的极度偏爱。他是这个时代资产阶级的代表、讴歌者，他把资本主义看作是最理想、最合理、最完美的制度，称资本主义是人类的"黄金时代"。

　　第二卷，斯宾塞着重研究政治组织的起源和发展，把它看作是总的进化的一部分。他认为，政治组织处理公众事务，同时又限制各分子的关系。政治制度的

↑ 19世纪中期的德国工厂

范围包括统治者和被统治者的关系，以及国家的职能。

第三卷，在对职业制度的研究中，斯宾塞论述了社会上各种职业如医生、音乐师、舞蹈家、史学家、演员、教师等的演化情况。在对工业制度的研究中，分析了功能分化和劳动分工、生产、交换，以及工会合作、社会主义等方面的问题。

《社会学原理》中所论述的社会进化的两种理论：社会是从基于强制合作的军事型社会向基于自愿合作的工业型社会进化。社会是通过功能分化从简单社会向复杂社会进化的思想。斯宾塞在第一卷中将社会与生物有机体进行了6项类比，得出3个结论：即社会是一个体系，一个由相互联系的各个部分构成的紧密整体；这个体系只能从其结构运转的意义上去理解；体系要存在下去，它的需求就必须得到满足。

《社会学原理》中，斯宾塞提出他的进化三阶段论：1. 分散的个体形成群体。2. 个体分化、特化和专门化。3. 特化的个体与整个群体的平衡。

斯宾塞认为社会各个部分虽然是独立的单位，但却不是偶然凑在一起。而是

↑ 19世纪初伦敦景象

相关链接

　　孔德被西方社会学界公认为社会学的创始人。 在1838年出版 《实证哲学教程》 第一次使用了社会这一概念。孔德将社会学划分为两部分：社会静学——研究社会各部分：如经济，家庭，政府的建构方式与功能及各部分之间的相互关系。 社会动学——研究整个社会如何产生，如何发展和变化，即社会的发展与进步。 孔德把人类智慧的发展分为三个阶段，即神学阶段、形而上学阶段和实证阶段。在社会方面也经历军事阶段、过渡阶段和工业阶段。静学与动学的划分是孔德不朽的贡献，今天的社会学仍然沿用这种方法。在研究社会的方法中，孔德强调观察法和实验法的使用。此外，他也用归纳法、历史法和比较法去探讨社会现象。

具有某种"长期"的"关系"。因此社会学要对一般社会所表露出来的结构和功能加以研究。据此，斯宾塞提出了社会生活中的共存现象。

　　斯宾塞把家庭的发展放在社会学首位，政治组织的起源和发展居次位，还有宗教、社会控制及工业。除此之外，斯宾塞更指出社会学应该研究结合、社区、分工、社会分化等方面，并研究社会各部分的相互关系。斯宾塞认为人与人之间、民族与民族之间、国家与国家之间必然要进行"生存竞争"，竞争的结果就是"适者生存"，优胜劣汰，政府不宜立法干涉社会的自然进步，他的理论实质上是提倡资本主义的自由竞争和维护资本主义的现存秩序。

::作品评价

　　《社会学原理》是第一次阐明社会学分析的系统著作。它的最大价值在于斯宾塞所强调的功能思想，进而提出共存现象。正是由于斯宾塞认真地对待了来自自然科学的启发，并以社会哲学的形式将之理论化，所以他的理论是哲学和社会科学界在接受进化论方面最集中的体现，由于他的提炼，加速了进化论在哲学和社会科学界的传播。美国学者M.哈里斯说"社会达尔文主义"应该叫"斯宾塞主义"或"生物学斯宾塞主义"，苏联学者托卡列夫称斯宾塞是一切进化论者中最高的理论家。

奥地利学派边际价值论奠基之作

国民经济学原理

奥地利／卡尔·门格尔

■作者介绍

　　卡尔·门格尔（Carl Menger，1840 年—1921 年）近代著名的资产阶级经济学家，庸俗经济学奥地利学派的创始人。门格尔出生于奥匈帝国的加利西尼一个缙绅之家，父亲是律师。他 1859 年入维也纳大学，次年转学到普拉古大学学习法学和国家学，1867 年获格拉科夫大学博士学位。毕业后，先从事法律事务，接着进入奥地利国务总理办公室的新闻机关。这时他写些市场报告，并开始对价格理论有所涉及。1868 年门格尔取得维也纳大学讲师资格，他开始阅读大量经济学文献。1871 年底，他完成并发表了其成名作《国民经济学原理》。1872 年就任讲师，1873 年辞去公职专任教授。1876 年—1878 年，任奥地利皇太子的私人教师，陪同皇太子鲁道夫周游欧洲。1879 年返回维也纳大学任政治经济学教授。门格尔的长期目标是出版一本关于经济学的系统性著作和一部关于社会科学一般特征与方法的专著。1883 年门格尔发表《经济学和社会学方法论研究》，挑起了同施莫勒的方法论论战。1884 年发表《德国历史主义的错误》，他还写过《资本理论》（1881 年）、《货币》（1892 年）两篇论文。1900 年成为奥地利帝国议会上议院终身议员。1903 年他辞去教授职务，全身心地研究和写作，他的经济学理论讲座由奥地利学派另两名干将维塞尔和庞巴维克继承，1921 年逝世，享年 81 岁。

∷内容提要

　　《国民经济学原理》是门格尔最重要的著作，它奠定了奥地利学派边际价值论的基础。全书共分为八大章。

　　第一章是财货的一般理论，因为只有弄清什么是财货，才能进一步弄清什么是经济财货。财货是指满足欲望的物品，当抱有欲望的人们发现某种物品与满足自己欲望有关，并且自己也能够对

背景提示

　　在 19 世纪下半期，经济学界沉浸在如何使有限的物质来满足人类无限的欲望。人类欲望的存在和满足欲望的物质是人类经济生活中的两个基本要素。与生俱来的人的欲望：人们开始为了生存而奋斗，而后又开始为提高生活质量而奋斗，这些想法都是自然的、符合人的本性，况且人的欲望是无限的，而满足欲望所需要的物质条件却是有限，至少在当时还没有形成足够的条件去满足。由于这两者存在着巨大的矛盾，这是经济学所要解决的问题，《国民经济学原理》的出版，正是适应了这种形势。

↑高失业率和快速的通货膨胀导致了 1845 至 1847 年的波兰大饥荒，于是城市发生了骚乱。图为警察正在镇压示威的工人。

这种物品使用时，这种物品就是财货，可见，物品要成为财货，要满足以下三个条件，缺一不可。1. 人们对这种物品有支配欲望；2. 这种物品确实能满足人们的某种欲望；3. 人们有能力支配这种物品。财货在种类上可分为许多等级，等级划分的标准是财货与欲望之间关系的亲疏程度。具体而言可表示如下：一级财货能直接满足人们的欲望，如面包、牛奶等；二级财货能间接满足人们的欲望，如设备、工具等。三级财货是生产二级财货所必需的物品；四级财货是生产三级财货所必需的物品，依次类推，财货可分为无数个等级。大体上来分，财货可以分为高级财货和低级财货。高级财货对满足人类欲望有直接关系；低级财货对满足人类欲望有间接关系。

第二章论述了经济与经济财货的关系。凡是供不应求的财货都是经济财货。经济财货进一步说明了有限的物质条件是无法满足无限的人类欲望的。这正是经济财货产生的根本原因。当人们发现

> **经典摘录**
>
> ● 商品性质不是财货的性质，不过是财货与经济主体间的一时的关系。价格则不过是他们进行经济活动和财货交换时的一个偶然现象，不过是人类经济中所形成的经济平衡的一个表征。

戈森的边际效用递减规律和边际效用相等规律。边际效用递减规律：在同一享受的感受程度下，一种商品对于一个人来说，其增加的每一单位的消费量所带来的满足程度是递减的。

边际效用相等规律：边际递减规律的作用下，为了使享乐最大化，每个人可以在各种享乐之间自由选择。不管各种享受的绝对量是如何不同，他必定首先满足各种享受的一部分，在他享受中止时，每一单个享乐量是相等的。

某些财货无法满足所有人的需求时，他就首先想到的是让这些财货满足自己的需求，当然他就会通过各种办法去占有它。由于每个人都有这种正常的利己主义思想，所以为争夺经济财货而发生的冲突也就不可避免了。也有些财货，由于它的供给量大于需求量，即不会发生争端和冲突，这种财货被称为非经济财货。在经济财货与非经济财货之间并没有一条明确的界限。它们之间可以相互转化，二者之间的区别是以供求关系为标准的。

第三章论述了价值理论。门格尔认为，价值起源于经济物品的效用，而这种效用是主动的，所以价值的本质也是主观的。但是有效用并不等于就有价值，也就是说，只有人们意识到欲望的满足及其满足程度是依赖于他们对某种财货的一定量的支配时，这种财货才具有价值。由此可见，只有经济财货才有价值。门格尔也指出，价值在其决定上是主观的，不同的财货的价值大小是因为它们在满足对人类福利的实现有大小之分。前三章占全书篇幅的一半多，主要是确定边际效用论。

第四章论述了交换的理论。指出交换的起源在于人类追求欲望满足时要有较

←门格尔认为随着消费财货单位数量的增加，人们所感受的财货效用将逐渐减少，以至于最后成为零，而得出"效用递减规律"，资本家的物质欲望日益膨胀，对工人的剥削就日益加深，因此，工人创造的价值越来越多，而自己的处境却日益艰难。

大的效用。在交换过程当中，每一方都会以为自己物品的价值小于对方，这是因为不同的人有不同的需求，因此每个人就有不同的价值观念了。正是由于这种不同的价值观念，交换才能发生。

第五章论述了价格的理论。价格是交换的比率，是人类进行交换和其他经济活动中的一个现象。

第六章写了使用价值和交换价值。价值既不是由所交换的物品在生产上所花费的劳动来决定，也不是由生产这些财货的生产费用决定，

↑ 19世纪棉花交易情景

在《国民经济学原理》中，门格尔将"交换"看作是货币的起源，当以物易物的形式严重阻碍了交易进程、交易范围时，需要一种中间媒介在物物之间周转，货币就是这种媒介物。

它是由买卖双方讨价还价来决定。本书最后论述了商品的概念和货币的产生，门格尔认为商品是用来交换的所有经济财货的转移。商品在性质上不是财货的属性，而是财货与经济主体之间一时的关系。可见，商品的存在只是一刹那，只有交换中买卖双方谈判价格的一瞬间，没有了这样交换，商品就无从谈起了。货币的起源也来自于交换，由于直接的物物交换存在的局限性越来越突出。他们可以把自己的财货换为这种媒介物，在别的地方或者在别的时候再用这种媒介物去交换自己所需要的财货，而这种媒介物就是货币。

后面部分是对边际效用价值论的应用和引申。该书的第二版是门格尔死后由其子根据遗稿增订而成，于1923年出版的第二版增加一章，即为第九章，突出对人类欲望的分析，其余内容与第一版基本相同。

∷作品评价

门格尔是奥地利学派的创始人，在经济学上的主要贡献在于对边际效用价值理论的阐述，同时也在于他在研究经济问题时所使用的经济学方法。《国民经济学原理》中的"边际效用价值论"补充了19世纪上半期萨伊提出来的"效用价值论"的缺点，以"稀少"摆脱了"效用价值论"无法解释的困难。

新古典主义经济学理论的源泉

经济学原理

英国／阿尔弗雷德·马歇尔

■ 作者介绍

阿尔弗雷德·马歇尔（Alfred Marshall，1842年—1924年）是近代英国最著名的资产阶级经济学家，剑桥学派（新古典学派）的创始人。马歇尔出生于英国西部克拉芬地方的一个中产阶级家庭，父亲是英格兰银行的职员。1865年马歇尔以优异的数学成绩毕业于剑桥大学圣约翰学院，并留校任数学教师。不久，他加入该校道德哲学讲座教授约翰·格洛特组织的晚餐研究会。他研究的范围涉及英国政治、经济、社会等方面的问题。在此期间，达尔文的《物种起源》和斯宾塞的《第一原理》相继出版，马歇尔深受他们思想影响。1868年—1877年，马歇尔任剑桥大学圣约翰学院道德科学特别讲座的讲师，主讲经济学，兼讲逻辑和近代哲学，在此期间，他曾赴德国研究康德哲学和黑格尔的历史哲学，并接触了德国历史学派罗雪尔的经济学，还到美国考察过保护政策。回国后，他又研究了约翰·穆勒的《政治经济学原理》，而后，马歇尔的学术重点就从研究数学、哲学和伦理学转向了经济学研究。1877年，马歇尔与其学生柏蕾结婚，婚后离开剑桥大学圣约翰学院到布里斯托尔大学任院长兼经济学教授，后因病离职到意大利休养。1883年—1884年，他接替牛津大学逝世的著名经济史学家A.汤恩比任牛津大学巴里奥学院讲师，讲授经济史。1885年，马歇尔又回到剑桥大学任经济学教授。1924年，马歇尔去世，终年82岁。

::内容提要

《经济学原理》一书，以均衡价格论为核心，分为消费论、生产论、交换论和分配论四大部分。全书除第一版和第八版两篇著者序言外，分为上下两卷，共6篇55章，最后还有13种附录（包括数学附录在内）。马歇尔在第一版序言中，着重阐述了本书的一个特点，即"注意对连续原理的各种运用"，并对经济学著作中如何使用数学符号和图表作了

> **经典摘录**
>
> ● 经济学是一门研究财富的学问，同时也是一门研究人的学问。世界的历史是由宗教和经济的力量所形成的。
> ● 经济进化是渐进的。他的进步有时由于政治上的事变而停顿或倒退，但是它的前进运动绝不是突然的。

近现代西方经济学主要流派简表

流派	代表人物	创立时间	基本学说
边际效用学派	杰文斯（英）门格尔（奥地利）瓦尔拉斯（法）	19世纪70年代－20世纪初	以边际效用价值论为理论基础；商品价值是人对商品效用的主观心理评价，价值量取决于物品满足人的最后的亦即最小欲望的那一单位的效用。
奥地利学派	门格尔（奥地利）维塞尔（奥地利）柏姆·巴维克（奥地利）	产生于19世纪70年代，流行于19世纪末20世纪初	奥地利学派反对德国历史学派否定抽象演绎的方法，以及否定理论经济学和一般规律的错误态度，也反对英国古典学派及其庸俗追随者的价值论和分配论，特别是反对李嘉图的劳动价值论。它认为社会是个人的集合，个人的经济活动是国民经济的缩影。通过对个人经济活动的演绎、推理就足以说明错综复杂的现实经济现象。
剑桥学派	马歇尔（英）	19世纪末20世纪初	继承19世纪初以来的英国庸俗经济学传统，兼收并蓄，用折中主义的方法把供求论、生产费用论、边际效用论、边际生产力论等融合在一起。建立了一个以完全竞争为前提，以"均衡价格论"为核心的完整的庸俗经济学体系。
制度学派	米切尔（美）凡勃伦（美）康蒙斯（美）	19世纪末20世纪初	该学派以研究"制度"和分析"制度因素"在社会经济发展中的作用为标榜，并因此得名。他们强调资本主义制度本身的缺陷和局限性，强调有必要调整资本主义的各种经济关系，对之进行改良，并预言美国资本主义的唯一出路在于社会改良。
新制度学派	加尔布雷思（美）博尔丁（美）缪达尔（瑞典）	20世纪50年代	它一方面继承了制度学派的传统，以制度分析、结构分析为标榜，并主张在资本主义现存生产资料所有制基础上进行改革；另一方面又根据第二次世界大战结束以后的新的政治经济条件，比过去的制度学派更加注意资本主义的现实问题，批判资本主义的缺陷，并提出更为具体的政策建议。它在政策目标和价值准则问题上所涉及的范围也要广泛得多。
货币主义	弗里德曼（美）	20世纪50－60年代	货币学派在理论上和政策主张方面，强调货币供应量的变动是引起经济活动和物价水平发生变动的根本的和起支配作用的原因，布伦纳于1968年使用"货币主义"一词来表达这一流派的基本特点，此后被广泛沿用于西方经济学文献之中。
供给学派	拉弗（美）	20世纪70年代	生产的增长决定于劳动力和资本等生产要素的供给和有效利用。个人和企业提供生产要素和从事经营活动是为了谋取报酬，对报酬的刺激能够影响人们的经济行为。自由市场会自动调节生产要素的供给和利用，应当消除阻碍市场调节的因素。

说明。在第八版序言中，阐述了本书的研究范围，认为该书是研究经济学的基础的作品，不涉及通货、市场组织这一类特殊的论题。该书也研究工业组织、就业和工资问题这一类论题的正常状态。他也强调要运用社会达尔文主义来分析社会经济现象，并阐述了该书所使用的静态的、边际的分析方法。

第一篇为序论，他把经济学定义为研究财富及人类欲望关系的一门应用学科，认为其目的在于解救贫穷和增进福利。第二篇，着重阐述了若干概念，说明财富、价值、土地、所得、工资、地租、利息、利润、准地租等等。第一篇和第二篇可以看作全书的绪论，主要论述了经济学的研究对象、方法、目的和主要课题，并对若干概念作了解释。前两篇是为均衡价格论打基础准备的。第三篇是欲望与其满足（消费论），这是对均衡价格论中需求的分析。第四篇为"生产要素——土地、劳动、资本和组织"，是对均衡价格论中供给的分析。他把萨伊等人的生产三要素论（土地、劳动和资本）扩充为生产四要素论，即把企业家组织生产的能力列为第四个生产要素。第五篇为"需求、供给与价值的一般关系"，由于马歇尔把商品价值与其价值的货币表示——价格混为一体，所以他的均衡价格论也就是他的价值论。该篇是全书的核心，是全书篇幅最大的，共用了15章。第六篇为"国民收入的分配"，是第五篇的延伸和进一步的运用。可以看出，马歇尔的经济学说体系是以均衡价格论为核心展开的。书后的1—12附录是对正文中各篇有关问题的补充论述；第13个附录即"数学附录"，则是对正文各篇有关的经济原理或规律运用数学公式和几何图形作了进一步分析和论证。下面就上述主要内容作简要的介绍：

马歇尔经济学说体系和方法论的六大特点：1. 以心理分析为基础，认为人类的动机会"最有力、最坚决地影响人类行为，并支配人类的经济活动"。2. 赞成渐进的社会改良主义，马歇尔认为资本主义私有制是符合人类本性的社会制度，自由竞争是最好的和最有效的经济制度。3. 强调所谓"连续原理"。4. 强调"边际增量"分析方法。5. 强调"均衡"分析，主要是强调局部均衡分析方法的运用。

背景提示

马歇尔所处的时代是西方主要资本主义国家向垄断资本主义过渡的时代。在英国，周期性的经济危机经常威胁着资本主义经济的正常运行；在国外，德国和美国工业的迅速发展，很快成为英国在国际贸易上的有力竞争对手。往日素有"世界工厂"称号的英国，如今经济实力已相对削弱，英国的统治阶级为了保障其国内外的经济地位，加强资本主义经济的发展，迫切需要一种新的经济学说来为他们自己服务，马歇尔的经济学说就是为了适应这个新的需要而产生的。

6.强调静态的观点和分析方法。

马歇尔的需求理论的出发点是人的欲望，而人的欲望是有边际效用递减规律的，具体地说，一种物品对任何人的边际效用随着其每一次增加量而递减。但是，边际效用递减规律存在着一个假定条件，即人的主观感觉没有随时间而变化。在现实生活中，每种商品都存在着需求价格，指消费者在购买一定量的商品时所愿意支付的价格，在其他条件不变的情况下，一个人所拥有的某种物品的数量越大，则他对此种物品多消费一点，他愿意支付的价格就越低，由此马歇尔提出了需求理论。

↑约翰·斯图加特·穆勒像

英国哲学家和经济学家约翰·斯图加特·穆勒的著作也许是有史以来捍卫个人自由的最重要的著作。

马歇尔还讨论了供给理论，是以一个产业部门为研究范围，研究了各个企业的内部经济和外部经济，分析了它们的生产费用；另外通过对土地报酬递减规律的运用，着重分析了供给因素。土地报酬递减规律是指：在技术条件不变的条件下，收益的增加只能保持在一定的限度内，要是超过了这个限度，伴随着投资量的增加，虽然收益的绝对量仍然

相关链接

约翰·穆勒的《政治经济学》是一本经济学巨著，同时也是西方最流行的三本教科书中的第一本，全书分为绪言和5篇正文，另外还有穆勒在各版问世所做的序言。全书在内容上主要对生产、分配、交换等几个经济学领域进行了研究。另外也对政府在经济活动中的作用及影响进行了分析。

可能增加，但增加的投资量单位收益却呈递减趋势，以致造成得不偿失的结果。价值理论是马歇尔经济学说中最重要的部分，这一理论主要是通过均衡价格来说明的，而均衡价格是指一种商品供求相一致时的价格。

::作品评价

《经济学原理》对当代西方经济学有着重大的影响，是当代西方经济理论的奠基石。本书出版后，被认为是一部可与亚当·斯密的《国富论》和李嘉图的《政治经济学和赋税原理》相提并论的划时代巨著。

人类精神分析的奠基之作

梦的解析

奥地利／西格蒙特·弗洛伊德

■作者介绍

　　西格蒙特·弗洛伊德（Sigmund Freud,1856 年—1939 年）是奥地利精神病医生、精神分析学派的开山祖师。弗洛伊德于 1856 年出生于捷克的弗莱堡，其父是一个做羊毛生意的犹太商人，4 岁时，全家迁往维也纳，1873 年，17 岁的弗洛伊德进入维也纳大学学习医学。1861 年成为精神病学医生，此后不久开始从事精神分析研究。1885 年—1886 年间，先去巴黎向当时著名精神病专家沙可学习，后赴南锡参观催眠疗法。回到维也纳后，弗洛伊德认识到催眠疗法的局限性，1895 年后改用自己独创的精神分析法以挖掘患者遗忘了的观点和欲望。1895 年，与布罗伊尔合作发表《歇斯底里研究》。1896 年弗洛伊德正式提出了精神分析的观念并创立了他的以潜意识为基本内容的精神分析理论。1908 年创办了维也纳精神分析学会，1910 年发展为国际精神分析学会。1909 年弗洛伊德应美国克拉克大学校长、著名心理学家霍尔的邀请，赴美国参加该校 20 周年校庆纪念，发表了以精神分析的起源和发展为主题的演讲，在美国掀起了巨大的波澜，1910 年以后，美国报纸充满了论述弗洛伊德的文章。1930 年弗洛伊德被授予歌德奖金，1936 年 80 寿辰时，荣任英国皇家学会会员。纳粹德国 1938 年侵占了奥地利，大肆反犹，弗洛伊德作为犹太人在纳粹分子的威迫下，被迫离开维也纳去了伦敦。1939 年 9 月 23 日死于伦敦，享年 83 岁。他的主要著作有：《歇斯底里研究》、《日常生活的精神分析》、《精神分析论》、《梦的解析》、《文明与其缺陷》等。

↑弗洛伊德像

::内容提要

《梦的解析》第一次告诉曾经无知和充满疑惑的
人们：梦是一个人与自己内心的真实对话，是自己向
自己学习的过程，是另外一次与你息息相关的人生。
当你在最隐秘的梦境，你所看见、所感觉到的一切，
你的呼吸、眼泪、痛苦以及欢乐，都并不是没有意义的。
弗洛伊德在本书中还认为人在清醒的意识下面，还有
一个潜在的心理活动在进行着，这种观点就是著名的
潜意识论。全书分7章，其主要内容如下：

↑弗洛伊德笔记手稿

《梦的解析》自1900年问世以来，
先后被译成英、俄、西班牙、法、
日等多种文字出版。1987年辽宁人
民出版社出版中译本。

第一章为1900年以前有关梦的研究。着重介绍
了关于梦的问题的文献资料，详尽地叙述了前人和当
代人（与弗洛伊德同时代的）的有关梦的理论。1900
年以前，有关梦的经典理论都认为，梦是以象征的方
式，表明已经发生或正在发生或将要发生的事物。弗
洛伊德不同意这种理论，他认为，梦是做梦人在不清醒状态时的精神活动的延续，
梦的内容多数是最近的以及孩提时代的资料。只要是外界给神经的刺激和肉体内
部的刺激的强度足以引起心灵的注意，即可构成产生梦的出发点和梦的资料的核
心，并按照"复现的原则"，使某种心
灵上的印象得到重视。

第二章为梦的解析方法。这一章主
要介绍了对一个具体的梦的分析方法、
步骤和注意要点，并且着重分析了一个
名叫伊玛的人关于打针的梦。一个人无
法把整个梦的内容作为集中注意的对象，
只能就每个小部分梦的内容进行一一解

经典摘录

● 心理过程主要是无意识的，至于可
意识的心理过程仅仅是整个心灵分离的部分
和动作。
● 梦是本能欲望的满足。
● 文明只有在否定个人的基础上才有可
能存在，文明的全部意义就在于禁止和限制
人类。

背景提示

弗洛伊德在写此书前，不仅有了充分的思想准备，而且已搜集了大量资料。1896年和1897年，
他已经在维也纳犹太学术厅作了有关梦的演讲。1896年10月，其父亲去世，促使他在先前的理论研
究和医疗实践的基础上，开始进行自我分析，可以这样说，他父亲的去世是促使他进行自我分析的主
要原因。

↑施温德的《囚犯之梦》刻画了在狱中的囚犯因不能出狱而只能通过幻想来满足自己的情景，弗洛伊德视之为"欲望实现"。

释。同样的一个梦对不同的人、不同的关联将有不同的意义。弗洛伊德认为，梦是一大堆心理元素的堆砌物。

第三章为梦是愿望的达成。在这一部分中，弗洛伊德提出了他关于梦是人欲望满足的学说：梦在一定程度上满足了本能欲望，缓和了冲动；又不唤起检查机制的警觉，从而保护了睡眠。弗洛伊德以梦是人主观心灵的动作这一前提出发，肯定所有的梦都是以自我为中心并都与自我有关，即使自己不在梦里出现，那只是利用"自居作用"隐藏在他人的背后。从每一个梦中，都可以找到梦者所爱的自我，并且都表现着自我的愿望。

第四章为梦的改装或梦的伪装。弗洛伊德认为，潜意识中的本能冲动趁人睡眠时以伪装的方式骗过了所有松懈的心理检查机制而得以表现，就构成了梦境。愉快的、欢乐的、幸福的梦是欲望的达成，不愉快的甚至痛苦的、悲惨的梦都不外乎是欲望的一种"变相的改装"。梦是一种被压抑的、被抑制的欲望经过改装的满足。为了说明梦的变相改装，弗洛伊德提出了两种科学假设：第一个是在

名家汇评

《梦的解析》是改变历史的书、划时代的不朽著作。

——美国 唐斯博士

现代科学对梦的分析的最具有原创性、最著名和最重要的贡献。

——弗派员姆

梦中表现出欲望的内容，而第二个却扮演着检查者的角色，而形成了梦的"改装"。

第五章为梦的材料与来源。本章介绍了梦中的最近印象以及无甚关系的印象，如孩提时期经验形成梦的来源，一些典型的梦，诸如尴尬的裸体的梦、亲友之死的梦、考试的梦等。弗洛伊德把梦中所叙述的事物称作"梦的外显内容"；把他认为体现着欲望，而只能通过意念的分析才能达到的隐藏的东西，称为"梦的内隐的思想"。

第六章为梦的运作或梦的工作。梦境有显梦和隐梦两个层次，显梦是梦的表面情节，其内容可以回忆起来；隐梦则是要通过显梦表现的本能欲望。隐梦转换成显梦是靠梦的运作机制。这一章是篇幅最长的，着重介绍了梦的凝缩作用、梦的转移作用、梦的表现发生方式、梦材料的表现力、梦的象征、梦中的感情和梦中的理智活动，以及一些荒谬的梦、算术及演说的梦等等。梦的表现形式于运作机制主要反映在以下4个方面：一是凝缩；二是移置；三是象征；四是"二次校正"。

第七章为梦的程序的心理。这一章为总结性理论部分，也是本书最晦涩、最抽象的一个部分。它依次分析了梦的遗忘、愿望达成，由梦中惊醒到梦的功能和焦虑的梦，原本的与续发的步骤——潜抑制、潜意识与意识的现实等现象和理论。

∷作品评价

《梦的解析》是弗洛伊德的代表作，也是精神分析的奠基作，同时也可以被看作是20世纪人文社会科学最重要的经典之作，曾被西方许多学者看作是一本震撼世界的书。这部著作不只解析了梦，更重要的是阐述了弗洛伊德心理学理论基础。解释了心理疾病的发病原理，解释了人们日常生活中各种心理行为，这对医学有深远的影响。

引起"学术史上 30 年战争"的争议作品

新教伦理与资本主义精神

德国／马克斯·韦伯

■作者介绍

　　马克斯·韦伯（Max　Weber，1864 年—1920 年）是公认的现代西方社会学大师之一，同时也是一位百科全书式的人物，享有西方理论社会学泰斗的盛誉。韦伯于 1864 年 4 月 21 日生于德国埃尔福特一个中产阶级家庭，父亲是俾斯麦时代的政治家，母亲是虔诚的加尔文教信奉者。据说，韦伯从小体弱多病，孤僻羞怯，不敬权威，不守纪律，但酷爱读书。1882 年，韦伯考入海德堡大学，学习法律、经济和历史，1883 年，他服了一年兵役，随后转入柏林大学。1886 年毕业后担任初级律师。1893 年起他先后在柏林大学、弗来堡大学、海德堡大学任教。1896 年，他受聘为海德堡大学经济学教授，成为当时德国知识界的重要人物。1897 年夏天，韦伯双亲赴海德堡大学，与父亲大吵一架后，其父一个月后去世，使韦伯大受刺激，五年多没能恢复。1904 年，他应邀赴美参加圣路易艺术与科学大会并宣读论文，回国后，韦伯专事著述，先后发表了《社会科学方法论》、《新教伦理与资本主义精神》、《中国宗教》、《政治是职业》等。1918 年，他重返大学讲坛，先后执教维也纳大学、慕尼黑大学。1920 年，因误诊死于肺炎。巨著《经济与社会》、《世界经济通史》在他死后不久问世。

↑马克斯·韦伯像

::内容提要

　　《新教伦理与资本主义精神》是韦伯宗教社会学和伦理学的最重要代表作，最初于 1904 年和 1905 年分两次发表在他自己主编的《社会科学与社会政策》杂志上。1920 年汇成一册，正式作为《宗教社会学论集》第一部出版。该书分"导论"、

"上篇"、"下篇"三部分。导论是韦伯为他整个宗教社会学系列研究而写的，上篇"问题"包括宗教派别和社会分层、资本主义精神、路德的"天职"概念等三章。下篇"禁欲主义新教诸分支的实践伦理观"包括世俗禁欲主义的宗教基础、反禁欲主义与资本主义精神两章。

在这部书中，韦伯论述了两个重要问题：西方近代资本主义的产生及其本质；社会伦理与经济行为的关系。

韦伯的学术志向和学术视野中，有两个问题是使他魂牵梦萦、孜孜以求解答的。其一是，为什么近代资本主义文明最初发生在西欧而未发生在世界其他地方？资本主义文明的合理性究竟在哪里？韦伯认为，这个问题的答案不能只从欧洲的经济、政治和社会演变中去寻求答案，韦伯将决定性的因素归结为十六七世纪欧洲宗教改革所产生的新教伦理特别是加尔文教的入世禁欲主义。因而他在书中提出了所谓的"韦伯命题"，即新教伦理促进西方资本主义经济发展和文明产生。韦伯一方面从职业统计的事实出发来研究这种独特现象背后的伦理文化根源，另一方面又引证富兰克林时间就是金钱、信用就是金钱，金钱可生金钱等格言来阐释资本主义精神，认为加尔文教的入世禁欲主义培养了一种资本主义精神，并且推动了资本主义经济文化的发展。因而韦伯认为加尔文教的入世禁欲主义及其所造成的经济理性主义，正是西方近代文明所产生的伦理动因和精神基础。

韦伯在书中重新界定了"资本主义"这一概念。他认为凡谋取利润的都是资本主义。古代和中世纪的资本主义在行为上主要是非理性的，而西欧和美国的近代资本主义主要特征是理性的、尊重和平的机会的，即是由近代西方社会生活所具有的一种特殊社会精神气质造成的，直接导致近代资本主义产生的是由于出现了新教及其伦理道德。韦伯对资本主义精神进行了界说。他认为资本主义精神就是勤勉、认真、机敏、精心谋划，按节俭的原则，用健全的会计核算方式把资本主义把资本投入流通领域从而理智地获取利润。显然韦伯将资本主义看作是一种文化、一种经济、一种具有特殊动因的价值体系。而这种动因就是欧洲宗教改革后的新教教徒在伦理观念上的变化。

韦伯从宗教社会学出发，在经验研究的基础上分析了基督教和资本主义的历史，考察了西欧的宗教情感、信仰、教规和教义的变化。宗教的核心是"拯救"问题。通过考察对比，韦伯提出了在其思想体系中至关重要的"天职"一词，合理的行为就是根据资本主义原则来履行天职所进行的活动。

∷作品评价

《新教伦理与资本主义精神》是韦伯思想体系中宗教社会学理论部分的代表作，也是现代西方哲学社会科学著作中最著名而且争议最大的一部。自其问世起，引起了"学术史上的30年战争"。韦伯在此书中开创的现代社会学的研究方法，即探寻经济生活变化背后的精神驱动力量的研究方法，成为20世纪西方社会学界普遍接受的一种解释模式，韦伯也因此被称为"资本主义晚期的马克思"。韦伯在书中所运用的历史综合分析方法和文化比较法，对于探讨西方近代资本主义的起源做出了独特的贡献。当然在他的学说中有一些牵强附会之处，尤其表现为他对东方诸文化的解释。但他所独创的思想和方法对于20世纪的社会科学研究来说，无疑是一个重要里程碑。

名家汇评

韦伯在今天西方的社会科学界和史学界上显然是处于中心的位置。在近代西方哲学史上，哲学家中有人向康德立异，也有人和他同调，但绝没有人能够完全不理会他的学说。今天韦伯的情形和康德十分相似。

——华裔美籍学者余英时

被美国人民称为"官方哲学"

实用主义

美国／威廉·詹姆士

■作者介绍

　　威廉·詹姆士（William James,1842 年—1910 年）是美国著名的哲学家、心理学家、实用主义哲学的创始人之一和主要代表人物。他出生于纽约，从小受到良好系统的教育，先后就读于纽约州斯克内塔迪的联合学院、普林斯顿精神学院、哈佛大学劳伦斯理学院和哈佛医学院，他还曾到法、德、奥、瑞士等国家学习。詹姆士兴趣广泛，知识渊博，年轻时曾沉浸在绘画、音乐、文学和哲学等爱好中，以美术家自居过好几年，不久兴趣转向研究科学，曾到巴西亚马孙河流域作远征考察，后来又转向心理学和哲学研究。他执教于哈佛大学，还在斯坦福大学、哥伦比亚大学以及英国的爱丁堡大学、牛津大学等处任教，研究和讲授生理学、心理学和哲学。1910 年詹姆士名声达到顶峰时去世。他的主要著作有：《心理学原理》、《信仰意志和通俗哲学论文集》、《宗教经验类型》、《实用主义》、《真理的意义》、《彻底经验主义论文集》等。

↑威廉·詹姆士像

::内容提要

　　《实用主义》全名为《实用主义——某些旧的思想方法的新名称》是作者八篇演讲稿的汇集。全书由正文和附录两部分组成，附录中的文章大部分是对前者

163

↑ 1886 年 10 月，约 100 米高的自由女神像在人们的欢呼声中被安放于纽约港，它象征了美国式的民主自由。

正文所引起的批评的一些答复、补充和完善了作者的思想。全书正文共分为八讲，通俗、系统、全面地阐述了詹姆士的实用主义哲学的基本思想，是整个实用主义哲学中最有代表性的著作。

第一讲，当前哲学的两难。詹姆士认为，哲学是人的性情气质的表现，哲学史在极大程度上是人类几种气质冲突的历史。理性主义同经验主义、唯心主义同唯物主义的区别，是柔性气质同刚性气质的区别，导致一种较富情感的宇宙观与比较冷酷的宇宙观之间的区别。科学家情愿不要形而上学，实行家则把哲学的尘埃从他们的足上掸掉。实用主义则是调和这种哲学上两难的中间路线。

第二讲，实用主义的意义。实用主义首先包含一种方法，是指进行哲学思考的特殊方式，这种方法试图通过探索概念的实际效果来解释概念的意义。不是原则检验出发点，而是结果衡量思想。其次，实用主义是一种关于真理的理论。只要观念有助于使它们与我们经验的其他部分处于圆满的关系中，很稳定地工作起来而且能够简化劳动、节省劳动，那么这个观念就是真的。

第三讲，从实用主义来考虑几个形而上学的问题。詹姆士从彻底的经验主义出发，对实体、物质、精神、自然界的设计问题和自由意志问题等进行实用主义讨论。他认为，无论我们认为世界是由物质造成的还是由一个神圣的精神创造的，没有任何差别。物质和精神、主体和客体统一于经验。用经验来超越传统哲学中唯心与唯物主义的对立。同时实用主义认为最重要的问题是：这个

经典摘录

● 它是有用的，因为它是真的；它是真的，因为它是有用的。

世界会变成什么样子？生命本身会变成什么样子？哲学的重心必须改变它的位置。

第四讲，一与多。詹姆士用实用主义方法对世界一元论和世界多元论进行分析、讨论。我们的理智所追求的世界，既不是单纯的多样性，也不是单纯的统一性，而是全体性。实用主义拒绝绝对的一元论与绝对的多元论，信奉多元论的宇宙观。

第五讲，实用主义与常识。詹姆士用实用主义对知识的增长、真理的发展、时间、空间、事物、种类、原因和定律

等常识概念进行分析，我们有理由去怀疑，而且我们的一切理论都是工具性的，都是适应实在的精神方式，而不是神圣创造的宇宙之谜的启示或答案。

第六讲，实用主义的真理概念，他认为真理意味着观念和实在的符合，但符合不是摹写，只是经验与经验之间的一种关系，一种观念。只要能把新、旧经验联系起来，处于圆满的关系中，就是真理。真理的可证实性表明它的有用性，一个观念是否是真理，看他是否有效用。"它是有用的，因为它是真的"，"它

↑美国艾利斯岛在17世纪曾是荷兰人的野餐胜地，在以后的200多年里，埋海造陆，大大扩大了岛屿面积，成为移民美国的主要关口。美国在200多年的发展里形成了一个移民大国，多种文化融合冲撞，对每个个体而言都以保护个人利益为第一原则。

↑ 19世纪末期的纽约已渐露世界大都市的风采

是真的，因为它是有用的"，这是詹姆士真理观的根本点。总之，真理是有用的经验组织形式。

第七讲，实用主义与人本主义。詹姆士阐述了以人为本为基础的实在观，他对英国哲学家席勒的人本主义推崇备至，他认为一切真理都是关于实在的信仰。实在是由三部分组成的：一是我们的意识流；二是感觉之间或它们在人心中的摹本之间所存在的关系；三是过去已有的真理。他还特别强调了实用主义同理性主义的差别，理性主义的实在一直就是现成的、完全的；实用主义的实在，则是不断在创造的，其一部分面貌尚待产生。

第八讲，实用主义和宗教。他认为实用主义是一个调和的体系，任何观念只要对人有利，都是可以接受的，只要关于上帝的假设在广泛的意义上能令人满意地起作用，那这个假设就是真的。

::作品评价

《实用主义》系统地阐述了实用主义的基本思想，构造了比较完整的实用主义理论体系，使实用主义真正走上了哲学舞台，成为现代哲学中具有重要影响的主要流派之一。《实用主义》的诞生，体现了美国生活方式中崇尚独立、自由、民主和平等以及追求功利效率、求实进取、反对空谈和积极实干的精神，标志着美国本土哲学的真正成熟，为美国哲学的日后发展奠定了坚实的基础，加上本书通俗易懂，语言流畅，对美国民众有广泛影响。实用主义的产生，深得上层资产阶级得赏识，曾被人民称为美国官方哲学。

名家汇评

詹姆士是独创的，动人的。詹姆士并不是英国哲学或者大陆哲学的第二流的模仿者或卫星，他是哲学界的一颗大行星，他在自己的轴心上旋转，并把实用主义的所有其他发光体（领导人）都吸引到他有力的活动领域中来。

揭开科学管理历史的新篇章

科学管理原理

美国／弗雷德里克·温斯洛·泰罗

■作者介绍

弗雷德里克·温斯洛·泰罗（Frederick Winslow Toylor，1856年—1915年）是美国古典管理学家、科学管理的主要倡导人，被称为"科学管理之父"。1856年泰罗出生于美国的费拉德尔菲亚，1872年至1874年进入埃克塞特学校学习，随后去欧洲游学，就读于法国和德国的学校。1875年到1878年在费拉德尔菲亚的恩特赖斯液压厂当学徒，1878年，他到费城的米德维尔钢铁厂，开始阶段做车间勤杂工和机工，由于工作努力、表现突出，先后被提拔为车间管理员、技师、小组长、工长、维修工长、设计室主任和总工程师。泰罗25岁时在米德维尔钢铁厂进行劳动时间和工作方法的研究，为他以后创建科学管理奠定了基础。1883年泰罗还获得新泽西州斯蒂芬工艺学院的机械工程学位。1891年，泰罗开始从事工厂管理咨询工作。1898年—1901年间，他受雇于宾夕法尼亚的贝瑟利恩钢铁公司做咨询工作，进行了著名的搬运铸铁件和铲铁的试验，逐步形成了"科学管理"的管理制度和管理理论。1901年退休后，泰罗仍无偿地从事咨询和演讲等工作，以便在美国和国外传播科学管理理论，1915年3月21日泰罗逝世于费城，终年59岁。泰罗的著作很多，主要有《论传送带》、《计件工资制》、《工场管理》、《效率的福音》、《制造业者为什么不喜欢大学生》、《科学原理》和《科学管理原理》。

↑弗雷德里克·温斯洛·泰罗像
泰罗不仅是杰出的古典管理学家，也是美国著名的发明家、工程师，一生拥有40多项专利。

::内容提要

《科学管理原理》是泰罗的一本主要代表作，它的基本思想如下：科学管理的中心问题是提高劳动生产率。为了提高劳动生产率，就必须进行系统化的科学管理。本书包括前言、引言和两章

经典摘录

● 人的生产率的巨大增长这一事实标志着文明国家和不文明国家的区别，标志着我们在一两百年内的巨大进步。

内容。

前言写了出此书的缘由。本书原是作者在 1910 年 1 月的美国机械工程师协会提出的一篇论文，由于人们对科学管理表现出广泛的兴趣，而许多期刊编辑访问泰罗，要求泰罗撰写论述科学管理

背景提示

在当时尽管资本主义已经发展得很快，竞争也很激烈，但在商品市场上，商品还是供不应求，因此提高企业的生产效率是占有市场和增加利润的最佳方案。所以作者就在这样的情况下，运用实验的方法提出了有效率的科学管理方法。

的文章，因此才有了此书的出版。

引言写了撰写本书的目的。美国的许多人认识到保护我们物质资源的重要性，并为此而展开了一个大规模的运动。撰写本书是为了：1. 通过一系列简明的例证，指出由于我们几乎普遍存在的日常行为的低效能而使全国遭受到的巨大损失；2. 试图说服读者，补救低效能的办法在于科学的管理，而不在于收罗某些独特的或非凡的人；3. 论证最佳的管理是一门实在的科学，其基础建立在明确规定的法律、条例和原则上。

第一章论述了科学管理的基本原理。管理的目的应该是使雇主实现最大限度的富裕，同时也使每个雇员实现最大限度的富裕。"最大限度的富裕"从其广义的意义上去使用，不仅意味着为公司或老板获得巨大的利润，而且还意味着把各行各业的经营引向到最佳状态，这样才能使富裕永存。同样对每一个雇员来说，最大限度的富裕不仅意味着他能获得较高的工资，而且还意味能使每个人充分发挥他的最佳能力。雇主同雇员的富裕应该是管理上的两个牵头的目的。绝大多数的人都认为雇主和雇员的根本利益是对立的，而科学管理则恰恰相反，其真正基础在于相信双方的利益是一致的。工人和经理人员双方最重要的目的应该是培训和发掘企业中每一个工人的才干，使每个人尽他天赋的能力，干出最好的工作——以最快的速度达到最高的效率。我们应该对所有行业中的工人的操作进行观察，从中了解他们干活的各种细节。在每一个行业的每个具体活计上所有使用的办法和工具中，往往有一种办法和一样工具比其他任何的办法和工具要更好些，想发

相关链接

梅奥的《工业文明中的生活问题》也是一部著名的著作。在这部著作中，梅奥建立了早期行为科学管理理论——人际关系学说。其基本思想如下：1. 职工是"社会人"，必须首先从社会心理方面来鼓励工人提高生产率。2. 企业中除了"正式组织"之外，还存在着"非正式组织"，企业管理当局要充分重视非正式组织的作用，以提高工作效率。3. 依据"社会人"和"非正式组织"的观点，企业中的新的领导能力在于提高职工的满足度，以提高职工的士气，从而提高劳动生产率。

↑泰罗的科学管理理论执行的过火时曾遭到工人的愤恨和反对，但其合理化生产的价值是不可抹杀的，对批量生产技术的影响也是巨大的。

现和发展这个最佳的办法和工具，只有通过对应用的一切办法和工具进行科学的研究和分析，结合着进行准确、精密的动作研究和工时研究。为了能使工人按科学法则干活，就有必要在资方和工人之间推行一种比现有的责任制更加均等的责任制。在科学管理下，人们将会更加富裕、更为愉快，不协调和纠纷会少得多；不景气的时期会更少些、短些，遭受的痛苦因而也会少些。

　　第二章为科学管理的原则。通常所采用的最佳管理模式定义为：在这种管理制度体制下，工人们发挥最大限度的积极性；作为回报，则从他们的雇主那里获得某些特殊的刺激和报酬。这种管理制度被称为"积极性加刺激性"的管理，它通常被认为是最佳的管理模式。科学管理比起老的制度来说，有可能在更大的范围内以绝对的一致性去争得工人的"积极性"。除了工人方面的这种改进之外，经理们也承担了新的重负、新的任务和职责。正是工人们积极性的这种组合，加上资方采取了新型的工作，使科学管理的效果比老的制度要好得多。

::作品评价

　　《科学管理原理》揭示了科学管理的历史新篇章，在美国乃至全世界的管理思想发展和实践中产生了深刻而持久的影响，当代许多重要的管理理论都是从泰罗的理论基础上发展起来的。泰罗在几十年的管理试验和研究中，做了许多开拓性的工作。它把科学的方法应用到管理中去，对科学管理原理和原则作了系统化的阐述，为现代管理理论的形成做出了重要的贡献。

图文并茂的通史名著

世界史纲

英国／赫伯特·乔治·韦尔斯

■作者介绍

　　赫伯特·乔治·韦尔斯（Herbert George Wells，1866年—1946年），英国著名的作家、科学家、历史学家。他出生于英国肯特郡布伦莱一个下层中产阶级家庭。父亲是一家小商店老板，母亲一直在附近的厄帕克庄园任管家。7岁那年，他进入布伦莱的莫利学校读书。由于他具有叛逆性格致使他接受的教育不系统、不连续。14岁时他就离开了学校，开始步入社会，到温莎和绍斯西的布店当学徒，一干就是四年。1883年，他再次反叛，到一所私立学校任教。他刻苦自学，18岁时考入南肯顿的皇家理学院，攻读生物学，成为著名生物学家托马斯·亨利·赫胥黎的学生。韦尔斯对生物学的兴趣，以及他对进化论的迷恋，都来自赫胥黎的影响。在大学期间，韦尔斯创办并主编过《科学学校杂志》。但到了第二年他就对这所大学的教育感到厌倦。1887年，未拿到学位，他便离开了学校，又到一所私立学校教了四年生物，直到1890年拿到伦敦大学理学学士学位。1891年，韦尔斯开始在伦敦发展，在一所函授学院教书。他与表妹伊莎贝尔结了婚，但这一婚姻非常短暂，不久两人分了手，韦尔斯与他的学生埃米·凯瑟琳·罗宾斯结婚。此后，他放弃了教师职位，开始在小说创作方面发展。1893年转入新闻工作，专职从事写作。1901，《预见》出版，从而确立了他在英国文坛的地位。1917年从事世界史的编写工作。1920年《世界史纲》问世，同年访问了十月革命后的苏俄，写了苏俄访问记《黑暗的俄罗斯》。1946年韦尔斯在伦敦逝世。

↑赫伯特·乔治·韦尔斯像

::内容提要

　　《世界史纲》共8编，38章，讨论了从地球的形成、生物和人类的起源，直到第一次世界大战结束的世界历史。作者着力阐述了民族和社会的发展史，书中还附有105幅地图和100幅插图。现将各编的内容简要介绍如下：

《世界史纲》是韦尔斯在第一次世界大战以后动笔编写,于1920年完成。第一次世界大战前后,韦尔斯投身于反战的宣传活动之中。战争使他进一步认识到世界统一和联合的必要性。1917年韦尔斯进行了筹建"自由国家联盟"的具体活动,这使他"对于把人类历史作为一个整体来看简直着了迷","他经常对整个历史和缔造历史的普通动力神往不止",决定突破按国家、按朝代编撰史书的传统模式,编写一部新型的统一的世界史。

第一编:人类以前的世界,主要记述了人类产生以前,地球的形成和生物进化的原因及过程。

第二编:人类的形成,叙述了人类的形成过程,人类早期物质生活和精神生活以及种族、语言的状况。

第三编:最初的文明,主要概述了人类早期社会的国家组织、社会关系、经济生活和思想文化的发展状况。其中第十五章叙述了象形文字的产生及特征。指出中国的汉字由象形文字以及会意、谐音字演变发展而来,形成了一套非常特殊而复杂的符号文字。此外还叙述了音节文字和字母文字的形成。

第四编:犹太、希腊和印度。主要记述公元前8世纪到公元前1世纪,犹太人、雅利安人在西亚、希腊、波斯、印度建立新文明的历史以及他们之间的战争与融合。最后评述了中国的儒教创始人孔子及道教创始人老子的思想特征及对中华民族性格发展的影响。

第五编:罗马帝国。主要记述了罗马国家的建立与发展、三次布匿战争、罗马从共和国制到帝制演变以及罗马帝国崩溃的原因,还叙述了匈奴的起源与西迁,介绍了匈奴人的风俗习惯,并且对匈奴人做出了中肯的评价。

第六编:基督教。第28章论述了基督教是扬弃了犹太教的民族优越感和褊狭排外心理,承袭了它的一神论的主要观点而形成的。内容涉及:耶稣传播的基督教的原始教义、耶稣的生平及其教义的革命精神,并且对耶稣与乔达摩的教义、中国墨子的学说进行了比较、耶稣之死及其被神化、基督教各种教义的发展与演变,尼西亚信条与基督教的正式确立等等。第29章概述7世纪前中亚地区匈奴与其他游牧民族的文明程度、对外经济和人口外溢,印度遭受三次来自中亚游牧民族的入侵、印度佛教的风格等,叙述中国从汉代至唐代的深刻变化等。

第七编:一方面记述了13至14世

经典摘录

● 我们"必须构想出一个可以接受新世界的远景。要工作,要努力工作,产生出一个经过探究、试验和考验的共同计划,把人类的思想统一在一个世界的新秩序里!……任何更美好的生活的基础必须是一种教育革命,一种新的百科全书主义,一种新的精神方面的统一平衡;不能做到这一点,人类就必定灭亡"。

　　海斯的《世界史》共三卷，从古代文明的开端叙述到第二次世界大战结束为止，共12编51章。全书可分为四个部分：一、文明开端，描写无记录的历史即旧石器时代和新石器时代，介绍铜、青铜直至铁器时代人类的历史；二、古典文明，描述东西方的古典文明：希腊城邦、罗马帝国、印度和中国；三、基督教文明，以基督教文明为主线，介绍了基督教的产生、在罗马帝国的发展、在日耳曼、匈奴和斯拉夫人中的传播；四、近代文明，介绍美国、法国、拉丁美洲的革命、思想革命和工业革命、帝国主义之间的矛盾和两次世界大战。

纪亚洲大陆崛起的奥斯曼土耳其等大帝国对外征服扩张，对欧亚大陆的冲击、破坏和影响，另一方面叙述了14到15世纪西欧的文艺复兴，地理大发现使走向海洋进行征服和贸易的新帝国跃居世界的领先地位。

　　第八编：列强时代，叙述17、18世纪到第一次世界大战结束的世界历史，侧重于英、美、法等国的资产阶级革命、机械革命和工业革命、欧洲列强的争霸斗争，第一次世界大战的爆发。

　　在《世界史纲》中，韦尔斯的进步的政治思想和改良主义表现得更为充分，他反对君主制度，崇尚民主共和制，对破坏共和制，实行个人独裁的恺撒、拿破仑等人给予了无情的鞭挞。

::作品评价

　　《世界史纲》构思巧妙，思维敏捷，说理性强，令人诚服，语言精练、形象，文笔多变，通俗易懂。《世界史纲》问世后，立即成为风行于欧美的畅销书，被翻译成多种文字，韦尔斯一夜之间从教育改革家摇身变为畅销书的作者。《世界史纲》对历史事件着笔简要，边叙边议，叙议

名家汇评

　　《世界史纲》顺应了"自然科学奔向社会科学的强大潮流"。

——列宁

结合，文字生动活泼，又有地图和插图，可谓是图文并茂的一部通俗历史著作。《世界史纲》创立的史学模式对传统的实证主义史学是个很大的冲击，同时也成了20世纪史学新潮的主流——年鉴学派的先驱。

现代西方经济崛起的原动力

就业、利息和货币理论

英国／约翰·梅纳德·凯恩斯

■作者介绍

　　约翰·梅纳德·凯恩斯（John Maynard Keynes，1883年—1946年）是英国经济学家J.N.凯恩斯、《政治经济学的范围和方法》（1891年）一书作者的长子。他祖籍为英格兰撒利斯堡，其母弗洛伦斯·阿达是剑桥大学第一批女毕业生，后热衷于公共事业和政治，曾任剑桥市市长和参议员。凯恩斯于1883年6月5日出生于剑桥，14岁获奖学金进伊顿公学，接受英国最好的教育。1902年获数学和古典文学奖学金，去剑桥大学学习数学和文学，1905年毕业并获剑桥大学文学硕士学位。毕业后师从A.马歇尔教授和A.C.庇古教授等人学习经济学，次年被分配到英国政府印度事务馆任职。1908年由马歇尔介绍成为剑桥大学讲师，讲授经济学。1909年，凯恩斯因数学概率论方面的研究成就，获得剑桥大学皇家学院研究员荣誉；同年，他创立政治经济学俱乐部，1911年主编《经济杂志》。1913年任皇家经济学会秘书，后任主席。第一次世界大战爆发后不久，凯恩斯到英国财政部任职，战后，以财政部首席代表、经济顾问的身份出席"巴黎和会"，在会议期间，他因反对对德国索取过重的赔款而愤然辞职，重返剑桥大学任教，并开设"和约的经济意义"的课程，受到广泛的欢迎，在1919年出版了《凡尔赛的经济后果》，使凯恩斯一时成为欧洲经济复兴问题的中心人物。1921年凯恩斯发表了《自由放任主义的终结》一文，转向了主张国家干预经济、实行明智管理的建议。世界经济危机期间主持英国财政经济顾问委员会，二战后任英格兰银行董事，1944年任英国代表团团长，出席在布雷顿森林召开的联合国货币金融会议，1946年因心脏病去世。他的主要著作还有《印度的通货和财政》、《货币改革论》等。

↑约翰·梅纳德·凯恩斯像

↑ 1929年—1932年经济大危机令德国货币贬值，图为儿童拿贬值的货币堆积木玩。

::内容提要

《就业、利息和货币理论》（以下简称《通论》）是凯恩斯的主要著作，也是凯恩斯主义的代表作和"凯恩斯革命"的标志。《通论》全书共分6篇24章，其中第6、14、19章有附录，该书中还附"原序"一篇，主要阐述写书的宗旨，指出古典经济学的错误在于理论假设的问题，并加以批判，再用抽象的论据说明自己的观点及其与其他流行理论的区别。

第一篇"引论"，对全书进行了概述，着重分析了古典经济学派的理论假设和阐发有效需求原则，分为三章。第1章是全书中最为精简章节，旨在解题，说明命名《通论》的意义。第2章对庇古的就业理论提出疑义。在经典理论中仅存"自愿失业"和"摩擦失业"。在凯恩斯看来，"不自愿的"失业是存在的。工资议价决定货币（名义）工资而不是真实工资。第3章提出最低预期收益可称为该就业量所产产物的供给价格。

第二篇"定义和观念"共分为四章。本篇为全书提供分析工具和正确概念。在第4章中，凯恩斯提出讨论就业理论要用两种数量，即"币值量"和"就业量"，

背景提示

1929年资本主义世界爆发了全球性的经济危机，这次危机不论在广度上还是在深度上和持续时间上都达到了历史之最，使整个资本主义沉浸在一片恐慌中。然而，先前的新古典政治经济学的理论不能解释产生危机的原因，自由主义的主张也由此受到了打击。因而资产阶级对资本主义制度也开始产生了怀疑。这时就需要有一种新的理论来解释经济危机，而凯恩斯的《就业、利息和货币理论》恰恰就在这种背景下产生了，该书的出版使得凯恩斯成为资本主义的救世主。

以克服"国民收入"难以衡量物品与劳务的不一致。第5章，主要内容是论述预期的各种因素的变化对就业量的影响。凯恩斯认为预期改变能发生一种循环式的波动。在凯恩斯看来，心理的无理性是经济长期不稳定的原因，是因为人们

对于将来的现有知识缺乏可靠基础，对不确定的将来所作决定同样不可靠。第6、7章论述了所得、储蓄及投资的含义。所得约等于国民收入减去一部分折旧和损耗。他的这一定义对于决定就业量具有至关重要的意义，储蓄是所得减去消费开支之差，如本期投资减储蓄之差增加，则厂商就将增加其就业量和产量；凯恩斯认为，储蓄与消费是相同的，也是一件双面的事情，如果每个人都减少消费，增加储蓄，那么，他们的收入一定会受到影响。

　　第三篇为"消费倾向"，共3章。第8、9两章主要论述引起总需求函数变化的内外因素。凯恩斯认为，内因有决定消费多少的主观、社会的动机，个人储蓄

动机和企业或团体的储蓄动机；外因有工资单位的变动、收入的变化和利率的改变，以及财政税收政策的改变，并提出消费倾向递减的趋势。第10章为了阐述卡恩的乘数效用，先引入了边际消费倾向的概念。他认为收入增量中消费增量是因，乘数大小是果，如果前者数越大，则后者越成倍增大。

　　第四篇为"投资引诱"，总共8章。第11、12两章强调人们主要通过资本边际效率这个因素对未来预期的影响。第13到15主要介绍灵活偏好，论述了利率和古典学派的概率论，利息是放弃周转灵活现金的报酬，进而用货币数量和灵活偏好来解释人们对于利率高低的偏好。凯恩斯在叙述古典学派借款基金学说时，提出了自己的利息论。第16、

↑危机来临，许多美国人只能靠领救济金维持生活。

凯恩斯《就业、利息和货币理论》中的中心思想有两个，其中之一是宣称当时的失业理论是毫无价值的胡说，工资非常低并不能消灭失业，因此将失业者困境归咎于失业者自身是居心险恶的。

相关链接

　　瓦尔拉斯的《纯粹经济学要义或社会财富理论》共8篇，第一篇为对象篇，阐述经济学对象，第二篇和第三篇为商品交换篇，研究消费品和消费服务的价格决定问题。第四篇为分配篇，研究生产资料的"生产服务"的价格决定问题。第五篇为再生产篇，研究资本形成和固定资产的价格决定问题。第六篇为流通篇，研究流通资产亦即货币价格的决定问题。第七篇为发展篇，研究经济发展的决定因素。第八篇为非完全竞争篇，研究垄断和国家赋税对价格形成的影响。

17两章中分析了资本的性质、利息和货币的特性，凯恩斯提出了各种解决有效需求不足的方法。第18章将上述所有理论提纲加以总结，把消费倾向、资本边际效率和利率作为自变量，把就业量和国民收入作为因变量。

　　第五篇为"货币工资与物价"，总共3章。第19章论述货币工资变化的作用，反对削减货币工资。第20、21两章分析了有效需求改变与就业量、物价改变之间多元复杂的关系。

　　第六篇为"通论引起的几篇短论"，总共3章。主要阐述了一般就业理论在商业循环、国际贸易和国际金融等方面进一步的应用，以及凯恩斯思想发展将导致的社会哲学的变革。第22章分析运用决定就业量的消费倾向、灵活偏好和资本边际效率因素，阐述商业循环现象。第23章评论重商主义，指出对国际经济学的看法。第24章为论述《通论》可能引起的社会哲学问题。

::作品评价

　　凯恩斯在经济学上的主要贡献在于他创立了新的就业、利息和货币理论，掀起了经济思想史上的"凯恩斯革命"。凯恩斯的《通论》出版50多年来，那套被称为宏观经济学的理论在资本主义世界非常流行。第二次世界大战后在英国和美国分别形成新古典综合派和新剑桥学派。各发达资本主义国家资产阶级政府也竞相采用凯恩斯主义及其一套政策。

名家汇评

　　一个人所共知的资产者，布尔什维克主义的死敌。

——列宁

　　他的逝世使英国失去了一位非常伟大的国民。他是一位天才，作为政治经济学家，他的思想影响遍及全世界，不仅对专家，也对普通民众。

——伦敦《泰晤士报》

文化形态史学的集大成之作

历史研究

英国／阿诺德·约·汤恩比

■作者介绍

阿诺德·约·汤恩比（Arnold Joseph Toynbee，1889年—1975年）是英国著名的历史学家。他出生于英国一个中产阶级和学人辈出的家庭。他的祖父是英国第一流的耳鼻喉科医学专家，父亲是社会工作者，母亲是英国妇女中最早获得大学学位者之一。这样良好的家庭环境使汤恩比获得了很好的教育，也为他以后的发展打下了扎实的基础。少年时代汤恩比就学于曼彻斯特，1911年，汤恩比在雅典的大不列颠考古学校学习。在这期间，他徒步旅行了希腊，查访了很多遗迹。1912年汤恩比回到牛津大学的巴里奥学院，担任古代史教师。1915年开始在英国外交部情报司工作，1919年出席巴黎和会，后在伦敦大学任拜占庭和近代希腊研究教授。1921年—1922年希土战争期间任《曼彻斯特卫报》记者，出版《希腊与土耳其的西方问题》一书。1925年在伦敦皇家国际事务学会任研究部主任。1929年在阿·齐默恩爵士的指导下从事研究工作，这对汤恩比以后的学业有很大的影响。同年，汤恩比应邀参加在日本举行的太平洋

↑阿诺德·约·汤恩比像

关系学会的会议，经欧洲到中东，还到过印度和中国。1937年他被任命为英国科学学院研究员。1943年—1946年他担任外交部研究司司长职务。第二次世界大战后，汤恩比再度作为英国代表团的成员出席巴黎和会。1947年赴美国讲学。1955年获得牛津大学和伯明翰大学荣誉文学博士称号，同年退休，被授予退休的功勋教授荣誉称号。此后，他一直从事研究和著述工作，1975年因病去世。

::内容提要

《历史研究》原著共12卷，约500余万字，分批出版。第一至第三卷出版于1934年，第四至六卷出版于1939年，

> **经典摘录**
>
> ● 对于同一历史事件，常常可以合理地进行几种不同的分析，其中每一种分析，都可以表现为一定的历史真理。

↑一战并没有解决帝国主义的一切矛盾，而且增加了新的矛盾，1929年经济危机的爆发加剧了欧美大陆的动荡，这也为汤恩比的《历史研究》提供了创作的时代背景。该图描述了经济危机期间，大量失业者正在排队等待救济金的情景。

第七至十卷出版于1954年，第十一卷是地图与地名汇编，出版于1959年，第十二卷的副标题是"重新考虑"，出版于1961年，是他对历年来对他提出过异议的批评者们的答辩。

影响汤恩比的历史研究的两个重要因素：一是在他受教育的年代里，接受的几乎全部是希腊和拉丁古典作品的教育；二是他是被作为英国正统的基督教培养成长的。鉴于此，汤恩比研究历史时，采用的是比较分析法，并且研究历史时离不开《圣经》。他在《历史研究》一书中经常引用圣经故事，使用圣经的词句。

汤恩比的历史哲学有两个主要论点，而这两个论点，贯穿于整个《历史研究》之中。

（一）历史研究的最小的、可以理解的单位是文明社会，而不是一个一个的民族和国家。这是汤恩比的历史哲学的出发点和归宿，汤恩比把6000年的人类历史分成26个文明，每个文明的发展都经历过五个阶段，即起源、生长、衰落、解体和死亡。他认为文明的起源和生长都是挑战和应战相互作用的结果。历史的前进是由于富有创造性的少数人发挥了创造性的结果。在汤恩比眼里，人民群众在历史发展过程中，只是任人摆布的群氓，而少数"英雄人物"才是历史的创造者。由此可见，汤恩比的历史观中带有明显的唯心主义的色彩。

26个文明中，有18个已经死亡或处在垂死挣扎的阶段，而剩下的8个文明中的7个，在不同程度上，也都处在被西方基督教文明或消灭或同化之中，而西

背景提示

第一次世界大战是欧洲帝国主义没落的转折点，随之而来的是一个资本主义永久危机的时期，旧日的经济繁荣与萧条组成的商业循环已被严重的经济萧条与部分的经济恢复所代替，失业人数从未下降到大战前经济上最为萧条的时期的水平以下。一战仍然没有解决帝国主义的一切矛盾，而且还增加了新的矛盾，大战给英国带来的是动荡不安。1929年经济危机的爆发使经济大萧条一直笼罩着整个欧洲，几乎每一个经济部门的活动都受到了它的影响。第二次世界大战以民主的胜利而告终，出现了一批民主主义、社会主义国家，同时也掀起了大规模的和平主义运动。以上这些大事、趋势和思潮对汤恩比都有影响，也构成了《历史研究》写作的时代背景。

相关链接

　　英国历史学家乔治·古奇的《十九世纪历史学与历史学家》是历史学领域公认的权威著作，初版于1913年，共27篇，中文版本62万字。导论"近时的历史研究"一节依次概述了从初版到1952年间一些主要国家和主要专题历史研究的进展情况。本书前前后后写到了大约500多位史学家及其作品，涉及十几个国家和地区，并且对不少历史学家的评价是很中肯的。在选材立论方面，往往根据自己的政治和历史观点来取舍。

方的文明也不可避免地要走向灭亡。在论及文明衰落的原因时，汤恩比承认是内在的，但对于社会制度的新旧更替，汤恩比不是看作是新的生产力的发展，需要冲破旧的生产关系，摧毁与这种生产关系相适应的旧的上层建筑的历史过程。他认为由于少数人不可能永远保持着创造性就必然会失去影响广大群众灵魂的魔力，而为了维持他们的统治，只有采取压服的办法，于是群众就起来反抗。

　　（二）所有的文明在哲学的意义上都是平行的，同时代的，等价的。这是汤恩比的时空观。在他看来，人类存在的时间至少有30万年，而最早的文明的出现至今不过6000年。文明存在的时间与人类存在的时间相比，仅占2%。因此他认为所有的文明都可以说是属于同一时期的。他说："对于同一历史事件，常常可以合理地进行几种不同的分析，其中每一种分析，都可以表现为一定的历史真理。"

::作品评价

　　《历史研究》是文化形态史学的集大成之作。在西方引起巨大反响。《历史研究》一书，开辟历史研究的新道路，发现了历史科学的唯一理论，是20世纪文化史上最重要的事件之一。但也有人认为，以《历史研究》为代表的汤恩比的体系，根本站不住脚，是建立在沙滩之上的。他的体系就好像一个杂乱无章的"卸货场"。但不论是褒者还是贬者，都不能否认汤恩比是一位学识渊博的历史学家，他的某些见解是发人深省的。

名家汇评

　　《展望》杂志称他是"当代最伟大的历史学家，可以列入希罗多德以来最伟大的历史学家之列"。

　　再多的争执也遮不住这样一个事实，即《历史研究》是一部由个人完成而贡献出来的伟大杰作之一。

　　　　　　　　——美国　阿尔柏拉特

西方经济学经典教科书

经济学

美国／保尔·安东尼·萨缪尔森

■作者介绍

保尔·安东尼·萨缪尔森（Paul A. Samuelson，1915年—）是美国当代著名的经济学家，后凯恩斯主流学派的主要代表。萨缪尔森祖籍波兰，于1915年5月15日出生在美国印第安纳州的加里城。1935年毕业于芝加哥大学经济系，同年入哈佛大学深造，1936年获哈佛大学文学硕士学位，从1937年至1940年，是哈佛大学研究生会会员；1941年获哈佛大学哲学博士学位，同年他的博士论文《经济理论的运算上的意义》一文获哈佛大学授予的大卫·A. 韦尔斯奖。1940年，他接受了麻省理工学院的聘请，任该校助理教授，1947年提升为经济系教授。1945年担任美国战时生产局顾问，于1945年—1952年间以及1961年至今任美国财政部顾问和美国预算局顾问。1945年，他获得约翰·贝茨·克拉克奖章，成为该奖设奖以来的第一位得主。1953年他当选为美国经济学会会长，并历任美国数届政府财政部经济顾问委员会、联邦储蓄系统、预算局等机构的顾问和肯尼迪总统的经济顾问。他还曾担任美国《新闻周刊》杂志经济专栏撰稿人。1968年起任国际经

↑保尔·安东尼·萨缪尔森及其签名

济学会终身荣誉会长。因为在经济学上做出的杰出贡献，1970年成为第一个荣获诺贝尔经济学奖的美国人。萨缪尔森的主要著作有：《经济分析基础》（1947年）、《经济学》（1948年）、《线性规划与经济规划》（1958年，与罗伯特·道夫曼、罗伯特·梭罗合作）、《萨缪尔森论文集》（1966—1983年间已出版5卷）。

背景提示

在萨缪尔森《经济学》出版之前，许多西方经济学教科书都把马歇尔为代表的传统经济学作为自己的理论体系，以马歇尔为代表的传统经济学把单个消费者、单个厂商和单个行业作为分析的出发点，而凯恩斯主义是用大量的总量概念，比如消费、投资等来对经济学进行研究。因此，人们将这二者分别称为"个量分析"和"总量分析"，而萨缪尔森《经济学》的经济体系则是萨缪尔森所谓的"后凯恩斯主流经济学"，在本书里，萨缪尔森将这二者结合起来，自成一派。

::内容提要

萨缪尔森认为经济学研究是基于两个基本假设之上的，即资源的稀缺性和人的行为是追求自身利润最大化。这两个基本假设是许多经济理论、经济研究的出发点。所谓资源的稀缺性是指社会经济中存在的生产要素和资源的量是有限的。基于基本假设之上，萨缪尔森提出了自己对经济学研究的看法，他认为经济学研究人和社会如何做出最终抉择。在使用货币的情况下，可以有其他用途的稀缺的生产资源来在现在和将来生产各种商品，并把商品分配给社会的各个成员或集团以供消费之用。

经典摘录

● "不完全竞争者"在经济学上的定义是：由于买进或卖出数量足够巨大的某一物品，以致影响该物品的价格的人。

● 因此，政治经济学虽然认识到美国已经变为丰裕社会这个含有一些重要理论的说法，经济学仍然必须和稀缺相周旋，把稀缺当作生活中一种基本事实。

《经济学》全书共6篇，第一篇主要介绍了西方经济学的基本概念和国民收入理论，阐述了分析现代经济生活的根本事实和制度需要的基本工具，这就为以后各篇章的论述提供方法论的基础和背景知识。第二篇是对凯恩斯的《通论》的阐述和发挥，本篇主要围绕着"后凯恩斯主流经济学"关于经济稳定和经济增长的理论，分析繁荣和萧条的原因，介绍了当代西方经济学的宏观经济理论。第三篇主要介绍了现代西方微观经济学的基本理论知识，重点是对关于价格决定和垄断与竞争的理论的论述，内容有均衡价格论、供需在产业上的应用、需求和效用论、竞争条件下的供给、对成本和长期供给的分

↑ 1932年，美国参加一战的士兵要求政府支付退伍金。

↑ 1929 年 10 月 24 日，美国股市崩盘，纽约证券交易所混乱不堪，美国陷入了经济大萧条的困境中。

析等。第四篇主要围绕收入分配理论，通过对古典经济学的边际生产力论和新古典经济学均衡价格决定生产要素的供给学说的分析，论述了要素的价格决定生产要素的供给学说。第五篇主要论述了国际经济学的基本理论和政策，作者运用宏观和微观经济理论来分析现实的国际经济问题，并给出了解决的几条途径。第六篇作为运用经济理论分析现实经济问题及其解决途径，在《经济学》一书中占有十分重要的位置。在全书前的"作者建议"中，萨缪尔森注明了第六篇的大部分内容是属于"偏重教学的政策"。这篇论述了低收入国家的成长分析和发展、生活质量、消除污染和城市的祸害、种族和性别歧视、在过分拥挤的世界上的能源不足和资源枯竭等当代最基本的经济问题。重点探讨了经济增长的趋势，提出了福利经济学，评论了各派经济理论，比较和考察了各种可供选择的经济制度。

::作品评价

　　萨缪尔森是凯恩斯主义的集大成者。他在经济学上的主要贡献在于把凯恩斯主义和传统的微观经济学说结合起来，开创"新古典综合派"的理论体系。其《经济学》作为教学参考书，此书确实有其本身特点和独创之处。本书已经成为西方经济学中最具代表性、最经典的教科书。

名家汇评

　　此书除在编写体例方面突破了前人此类著作之模式外，其特点不在于理论内涵之有何创新，而在于它所涉及的理论范畴宏富和精深，成为足资参考的西方经济学名著之一。

——胡寄窗

存在主义哲学的经典著作

存在与虚无

法国／让·保罗·萨特

■作者介绍

让·保罗·萨特 (Jean Paul Sartre，1905年—1980年)，当代法国存在主义的重要代表人物，哲学家、文学家和社会活动家。萨特出生于巴黎，父亲是海军军官，一岁丧父成为孤儿，由外祖父沙利·施魏茅尔抚养。萨特聪慧早熟，自小学业优秀。1929年毕业于名人辈出的巴黎高等师范学校。1933年，他作为官费生去德国进修，在柏林法兰西研究所研究德国现代哲学，着重钻研了海德格尔和胡塞尔的学说，开始形成无神论存在主义思想。希特勒上台以后，德国对其采取敌视态度。1935年他回到巴黎，在孔多塞高级中学教哲学。二战爆发，萨特应征入伍，次年被德国俘房，在俘房营中学习写剧本，并为难友们作曲和导演戏剧。1941年被释后，回到巴黎，以一个新闻记者的身份参加了反对纳粹占领的抵抗运动。1955年秋他访问了中国。20世纪60年代他反对美国入侵古巴等事件。1964年，一贯拒绝官方荣誉的萨特被授予诺贝尔文学奖，但他仍拒绝。1968年5月，巴黎学生造反，他又参加活动并担任《人民事业》、《解放》两报的主编，甚至亲自到街头卖报。1974年出版《造反有理》一书。1980年，逝世于巴黎。萨特的哲学著作主要有《存在和虚无》、《存在主义是一种人道主义》、《辨证理性批判》，文学作品主要有《恶心》、《苍蝇》、《自由之路》、《可敬的妓女》、《肮脏的手》、《魔鬼与上帝》。

↑让·保罗·萨特像

背景提示

纳粹占领德国后，实际政治活动已经没有意义，小说写了也不能发表，萨特相对他的哲学思考做一个总结，以一本书的形式表现出来。1939年萨特应征入伍时，就计划写这本书，他做了大量笔记，勾勒出大致框架，被俘后，他仍继续着哲学思考，写了一些篇章，当时德国人问他要什么，他答道："海德格尔"。于是他得到了《存在与时间》这本书，这是他当时唯一有的哲学参考书。回巴黎后，在1941年秋又开始写作，到1943年初完成。

::内容提要

《存在与虚无》经过十年的探索，两年撰写才出版。全书共分五个部分：导言"对存在的探索"；第一卷"虚无的问题"；第二卷"自由的存在"；第三卷"为他"；第四卷"拥有、作为和存在"。此书系统和集中地反映了萨特的本体论和伦理学思想。概而言之，此书主要阐述四个问题：

> **经典摘录**
>
> ● 人是自由的，人就是自由。
> ● 人不是别的，只是他自己所造就的东西。这就是存在主义的第一原理。
> ● 人是被判了自由这样一种徒刑。

一、存在先于本质。萨特认为，意识是"自为的存在"，意识之外，有一个独立的"自在的存在"。"自在的存在"是指标志外部世界、物质的范畴，它是纯粹地、无条件地存在，它自己没有意义，没有本质，没有价值，是绝对偶然的，荒谬的。它是既成的、僵硬的，与自身绝对等同，而且是不透明的，厚实，超于生成变化之外，不从属于时间。"自为的存在"是标志人的意识或人的现实的范畴，萨特又称其为"人的实在"。自为是虚无的，是面对自我在场，自为的存在是积极的、能动的，是否定的，生成变化的，它超越既存、投向未来，是虚无的。"人不是别的，只是他自己所造就的东西。这就是存在主义的第一原理。"因此，"人是什么"（本质）的说明只能在人出现（存在）之后，即"存在先于本质"。

↑自由引导人民 法国 德拉克洛瓦

多年来，萨特一直表现出对穷人的关心以及对各种被剥夺权利者的同情。他坚信自由是人类斗争最有力的工具。

二、人是绝对自由的。自为的存在不断追求和趋向使自为不断地超越，否定自己和世界，不断地赋予自己和世界以新的价值和意义。正是这种"悬而未决"的性质决定了自为（人）永远是绝对自由的，人可以自由地行动，自由地选择，自由地决定自己的本质。人的绝对自由还表现在对自己的过去和对他人的自由优先性上，过去和他人只是因为我的自由才会具有意义。死亡也没有限制自由，虽然死亡把人的存在变成曾经所是，而达到它的本质规定的极限，但死亡逃离了自由的权利，在人的主观范围没有任何独立地位，对人的自由不发生内在作用。

三、人的选择、行动和职责。周围世界是人们无法逃避的东西，人注定要遇到这个世界和这个环境，并在其中进行活动的选择。自由是人的自为向自在的超越活动，因此自由就意味着一种负担，意味着对这个世界的承诺和责任。自由的职责就是对自己的创造、对世界

的改革，即把世界划归为己的过程中将自身的缺乏不断地充实起来。因此世界不存在上帝，没有目的性和必然性，也没有命令，而人是主动的、行动的、自由的，人的唯一希望就是在他的行动之内。

四、人的烦恼和孤独。萨特认为，当人在毫无先定的伦理规范和价值标准的情况下选择的时候，当人考虑他自己的选择同时是"为全人类作决定"的时候，他必定会感到烦恼和恐惧。人在被判是为自己的同时必然也被判定是烦恼的。自由不仅引起烦恼，而且还会引起孤独。因为人是绝对自由的，世界上没有任何东西帮助他，他自己还要承担选择的全部责任，因而会感到孤立无援。人因烦恼而倍感孤独，孤独则又是烦恼的强化剂。人的现实就是一个不能超越不幸状态的不幸意识。

::作品评价

在萨特以前，很多著名的哲学家，包括克尔凯郭尔、雅斯贝尔斯、海德格尔等都曾探讨过存在问题，但只是在《存在与虚无》发表以后，存在主义哲学的影响才逐渐扩大开来。虽然萨特本人并不喜欢"存在主义者"这个标签，但他却以其《存在与虚无》而被作为存在主义哲学的重要人物而载入史册。至于存在主义的影响，因为尚在实践中，暂不宜作评论。

现代最重要、影响最大的教育著作之一

教育过程

美国／杰罗姆·布鲁纳

■作者介绍

杰罗姆·布鲁纳（Jerome Seymour Bruner，1915年— ）是当代美国心理学家、教育家。1915年出生于美国纽约。1937年美国杜克大学获学士学位，1941年获哈佛大学心理学博士，后又获西北大学、谢菲尔德大学、坦普尔大学等9所高校的荣誉学位。1942年担任普林斯顿公共舆论研究所副所长。第二次世界大战期间在海外服役，在法国做政治情报工作。1945年布鲁纳返回哈佛大学执教，致力于人的认识发展研究，1952年升为教授。1959年任美国全国科学院发起的伍兹霍尔心理学会主席。1962年起任认知研究中心主任，曾先后担任美国心理学会联合会主席、美国社会问题心理研究会主席、美国艺术和科学院研究员、美国教育研究院研究员、美国科学促进会理事、国际社会心理学联合会理事等职，并且是美国总统科学顾问委员会以及白宫教育研究与发展专门小组、美国联邦咨询研究组成员。布鲁纳以其卓越的教育和心理实验研究成果及社会科研活动，荣获美国优异科学奖（1962年）。布鲁纳的代表作《教育过程》（1960年）曾引起极大反响，被誉为划时代的作品。

::内容提要

本书的结构分为6个部分。

第一部分为"引论"。论述了对教育质量和期望目标的关切，它所表现的一个地方，就是中小学的课程设计，主要是为中小学编写出有效的教材，也就是既

背景提示

第二次世界大战以后，西方各工业国家的科学技术和经济发展进入了空前繁荣的"黄金时代"。尤其是苏、美两国，都在力图发展科技，寻求发明创造的人才。1957年，苏联的人造卫星成功发射后，美国上下一片恐慌，由此深感美国学校的科学教育水平落后于苏联，并将这一罪过归于杜威实用主义教育的不良影响。为确保美国在科技、军事上的优势地位，培养大批科学技术专家和工程师，美国开始要求教育要充分利用现代科学技术发展的新成果充实课程的抽象理论水平，并通过教学，发展学生的智力和能力。

布鲁纳的结构主义教学论

布鲁纳提出的结构主义教学论是当代世界上最有影响的三大教学论之一。其主思想体现在布鲁纳的三本教育代表论著中：《教育过程》（1960 年），《教学论探讨》（1966 年），《教育的适合性》（1977 年）。布鲁纳阐明了结构主义教学论的实质：学习就是建立一种认知结构，就是掌握学科的基本结构以及研究这一学科的基本态度和方法。为此，他提出著名的"三个任何"的观点，即任何学科的基本结构都可以用某种形式教给任何年龄的任何儿童。所谓基本结构，指各种基本概念、基本原理及其相互间的规律和联系。要掌握学科的基本结构，就应想方设法使学生参与知识结构的学习过程，这种方法即他提倡的"发现法"。因此，结构主义教学论与"发现法"是紧密相联的。结构主义教学论的理论基础来自三个方面：心理学家皮亚杰的"发生认识论"、语言学家乔姆斯基的"转化—生成"说以及布鲁纳的认知。结构理论。布鲁纳认为，知识是可以认识的独立存在的领域，人们追求知识的动因在于"经验"或"事物"内在的规律，而结构是"外加"的，由人塑造、形成、"构建"。知识可由各学科最出色的专家和学者构成连贯模式，并依据此构建儿童的知识。

结构主义教学论的基本观点，尤其是布鲁纳倡导的"发现法"，在科学实践中得到了广泛的应用。"发现法"又称"发现学习"。日本心理学家大桥正夫为其下的定义是："发现学习就是以培养探究性思维的方法为目标，以基本教材为内容，使学生通过再发现的步骤来进行的学习。"因此，发现学习不同于科学家的发明创造，而是将原发现过程从教育角度进行再编制，成为学生可步步学习的途径。"发现法"可激发学生的内部动机，了解问题的发现过程，掌握学科的基本结构，故在数学等自然科学学科中运用比较有效。

重视内容范围，又重视结构体系的教材。任何人只要一开始问到关于各专门课程的价值问题，他就是在问关于教育的目标问题。不仅要教育出成绩优良的学生，而且也要帮助每个学生获得最好的智力发展。

　　第二部分为"结构的重要性"。不论我们选教什么学科，务必使学生理解该学科的基本结构。学习为将来服务有两种方式：一种方式是通过它对某些工作的特定适应性，心理学家把这种现象称为训练的特殊迁移；另一种方式是通过所谓非特殊迁移，说得更确切些，即原理和态度的迁移。掌握某一学术领域的基本观念，不但包括掌握一般原理，而且还包括培养对待学习和调查研究，对待推测和预感，对待独立解决难题的可能性的态度。至少有四个有助于教授学科基本结构的一般论点：第一，懂得基本原理可以使学科更容易理解；第二，要涉及人类的记忆；第三，领会基本的原理和观念；第四，经常反复检查中小学教材的基本特性，能够缩小"高级"知识和"低级"知识之间的差距。

　　第三部分为"学习的准备"。任何学科都能够用在智育上有效地教给任何发展阶段的任何儿童。给任何特定年龄的儿童教授某门学科，其任务就是按照这个年龄儿童观察事物的方式去阐述那门学科的结构，学习一门学科看来包含三个差不多同时发生的过程。第一是新知识的获得；第二是知识的转换；第三是评价过程。一个人越是具有学科结构的观念，也就是越能毫不疲乏地完成内容充实和时间较长的学习情节。要尊重成长中儿童的思想方式，就应该想方设法把材料转换成儿童的逻辑形式，并极力鞭策诱使他前进，那么就很可能在他的早年介绍这样的观点和作风，以使他在日后的生活中成为有修养的人。课程建设应当围绕着社会公认值得它的成员不断关心的那些重大问题、原理和价值。

　　第四部分为"直觉思维和分析思维"。分析思维是以一次前进一步为特征的，步骤是明显的，而且常常能由思维向别人作适当报道。直觉思维与分析思维截然不同，它倾向于从事看来是以整个问题的内隐的感知为基础的那些活动。应该承认直觉思维与分析思维是相互补充的性质，

影响直觉思维的可变因素有带倾向性的因素，这些因素和直觉运用中的个别差异有关。这种倾向性因素甚至使人倾向于对某个领域而不对别的领域进行直觉思维。

第五部分为"学习的动机"。在设计课程时，人们正确地区别所希望达到的长期目标和为达到长期目标的某些短期步骤。学龄儿童中，多半常有混杂的学习动机，在这样一个复杂的情景内，还有儿童感到他们感兴趣的学科的微妙吸引力。在考试的安排运中，用丰富的想象力和灵活性，可以把在自然科学学科中强调竞争的行动转化到有用的目的上去。考试也能够培养周全的思考。它不但为迅速走在前面的学生所需要，而且领会得不快、不牢靠的学生更特别需要它。

第六部分"教学辅助工具"。这些教学辅助工具属于多种类型，一类可以叫作替代经验的装置，如影片、电影、幻灯片、录音带等，书也起这样的作用；另一类的功能是帮助学生掌握现象的根本结构。从实验室实习到数学积木以至程序设计，这个范围的辅助装置，可以叫作"模型装置"。总的来说，现有各种装置帮助教师去扩大学生的经验范围，促使学生理解所学材料的根本结构，并主动地理解他所学的东西的意义。

::作品评价

布鲁纳1960年出版的《教育过程》一书，被誉为"现代最主要、影响最大的教育著作之一"。作为美国教育改革运动的倡导者，布鲁纳的影响远远超过了国界，他在《教育过程》中的"发现法教学理论"、发掘学生智慧潜力、调动学生思维的教学主张，正日益为各国教育界所认识，并产生了积极的影响。中国的教育制度中也已经开始试行布鲁纳的教学方法。

美国 800 多所大学管理学的教科书

管理学

美国／斯蒂芬 .P. 罗宾斯

■作者介绍

斯蒂芬·P.罗宾斯 (Stephen P.Robbins) 博士，美国著名管理学教授组织行为学的创始人之一。他在亚里桑纳大学获得博士学位。罗宾斯博士长期从事管理学研究，他的兴趣集中在组织中的冲突、权力和政治，以及开发有效的人际关系能力方面。他曾经就职于壳牌石油公司和雷诺金属公司，他先后任教于布拉斯加大学、康科迪亚大学、巴尔的摩大学、南伊利诺伊大学，以及圣迭戈州立大学。 它的论文发表在《商业地平线》、《加利福尼亚管理评论》、《商业和经济观察》、《国际管理》、《管理评论》、《加拿大人事和工作关系》，以及《管理教育》等杂志上。近年来，罗宾斯博士已出版了多本管理的教科书。这本《管理学》现为美国 800 多所大学和世界许多国家的大学及工商管理学院所采用。罗宾斯博士教学之余，还积极参加世界教师田径比赛。在 1993 年中，他打破室内 55 米、60 米和 200 米的世界纪录。他曾经是美国 50 岁—54 岁年龄段的全国短跑冠军。

::内容提要

罗宾斯博士的《管理学》不是用说教的方式阐述管理理论，而是以大量的研究材料和案例客观地展现各种流派的观点，以及各种实践的探索，让读者自己从中领悟管理的真谛。本书紧紧抓住管理固有的两难问题和管理实践面临的新问题，

背景提示

从 20 世纪 80 年代后期开始，随着经济全球化的迅速发展，对于商务教科书的需求也变得十分普遍。而在罗宾斯的《管理学》出版之前，罗宾斯教授《管理学导论》已经有 15 年之久了，可他一直使用其他教材，从学术角度上来说应该是比较严谨的，由于缺乏实际关联性，好像完全脱离于管理的现实世界，书中的大部分内容仅仅是"理论之上的理论"。罗宾斯博士不得不花费大量的课堂时间列举事例，并对书中的理论与实际操作的关联性进行解释。由此，罗宾斯博士认为有必要出一本导论性的管理学教科书，包括管理最基本的功能，尽量减少不切实际的理论，并将理论与实际相结合，于是《管理学》这本书于 1984 年出版了。

并以此为主线展开讨论，揭示问题内在的复杂性，挖掘理论本身的深刻内涵，提炼成功企业实践的普遍性。全书分为六篇，总共21章。

第一篇为"导论"，共2章。主要解释管理（管理是同别人一起或通过别人使活动完成得更有效的过程，这一过程体现在计划、组织、领导和控制的职能或基本活动中）和管理者（管理者是组织中指挥他人活动的人，他们拥有各种头衔，如监工、科室主任、院长、部门经理、副总裁、总裁以及首席执行官等）的概念以及学习管理学的目的（对于渴望成为管理者的人来说，学习管理学可以获得管理的基础知识，这将有助于他们成为有效的管理者；对于那些不打算从事管理的人来说，学习管理学能使他们领悟其上司的行为方式和组织内部运作方式）。在本篇最后简明地阐述了管理的演进。

↑管理是同别人一起或通过别人使活动完成得更有效的过程，体现在计划、组织、领导和控制的职能或基本活动中。企业的成长与团队的合作是否成功密不可分。

第二篇为"定义管理者的领域"，共4章。作者首先论述了对管理者的约束——组织文化和环境。组织文化是组织内部的一种共享价值体系，它在很大程度上决定了雇员的行为，制约着管理者的行为，左右着管理者的判断思想及感觉。环境的不确定性取决于环境的变化程度和复杂程度。稳定的和简单的环境是相当确定的，而越是动荡和复杂的环境，其不确定性越大，环境的不确定性，限制了管理当局的选择及决定自身命运的自由。中间部分主要阐述了社会责任和经济绩效及利润最大化行为的关系。社会责任是指工商企业对有利于社会的长期目标的追求。大量研究表明，在公司的社会参与和经济绩效之间存在一种正相关的关系，对社会负责并不会降低一个公司的长期绩效。虽然我们还不能说明企业的每一个"社会"行动的动机，但显然至少有一些这样的行为是出于利润动机的，所以社会责任也是企业追求利润最大化的一种行为。作者接下来论述了管理者工作的实质——决策，指出了决策制定的八大步骤：①识别问题，②确定决策标准，③给标准分配权重，④拟订方案，⑤分析方案，⑥选择方案，⑦实施方案，⑧评价决策效果。接下来的四篇中，作者对管理的四个职能进行分篇详尽论述，是本书的重点。

第三篇为"计划"，共3章。计划是一个确定目标和评估实现目标最佳方式的过程。计划指出方向，减少变化的冲击，尽可能减少浪费和冗余，以及设立标准以利于进行控制。计划过程存在四种权变因素，包括管理者所处的组织层次、组织的生命周期、环境的不确定性，以及未来许诺的时间长度。管理者的计划应当预见到足够远的未来，以符合当前的许诺要求。

第四篇为"组织"，共4章。组织结构是对组织的复杂性、正规化和集权化程度的一种度量。机械式组织或官僚行政组织表现为高度的复杂性、正规化和集权化。而有机式组织或适应性组织在这三方面结构因素上表现出很低的程度。在

↑领导的六项特质：进取心、领导意愿、诚实和正直、自信、智慧、工作相关知识。

　　亨利·明茨伯格的管理者角色理论：明茨伯格从他对5位总经理的行为研究中得出结论，管理者在实施管理过程中扮演着10种不同的角色。他将这些角色划分为三组：第一组涉及人际关系方面有挂名首领、领导者、联络者三种角色；第二组涉及信息传递方面，有监听者、传播者和发言人三种角色；第三组为决策制定方面，有企业家、混乱驾驭者、资源分配者和谈判者四种角色。

所有其他条件相同的条件下，技术愈是常规化的，组织也应当愈是机械式的；相反，技术愈是非常规的，结构就应当愈是有机式的。在所有其他条件相同的情况下，机械式的组织与稳定的环境更为匹配；而有机式的组织则与动态的环境更加适应。

　　第五篇为"领导"，共5章。管理者和领导者的区别：管理者是被任命的，他们拥有合法权利进行奖励和处罚，其影响力来自于他们所在的职位赋予的正式权力，而领导者则可以是任命的，也可以是从一个群体中产生出来的，领导者可以运用正式权力来影响他人。领导者有六项特质不同于非领导者：进取心、领导意愿、诚实和正直、自信、智慧、工作相关知识。具有领袖魅力的领导者是自信的，有远见的，对目标有强烈的信念，反传统，并被认为是激进变革的代言人。

　　第六篇为"控制"，共3章。控制是一种监视工作活动的过程，用来保证工作按计划完成并且纠正出现的任何显著的偏差。控制之所以重要是因为它监督目标是否按计划和上级的权力是否被滥用。控制工作常常努力集中在下列这些方面中的一个：人员、财务、作业、信息和组织的整体绩效。一个有效的控制系统应该是准确的、及时的、经济的、灵活的和通俗的。

::作品评价

　　《管理学》是一本公认的优秀管理学教科书，被美国800多所大学和学院选做教材并在世界许多国家和地区受到欢迎。全书博采众长，荟萃了90年代以来管理学各个领域所有重要的和最新的研究成果。尤其是对管理的社会责任和道德、战略管理和企业家精神、组织和职务的设计、组织行为的基础、领导理论和沟通，以及人际关系技能的讨论，更是取材丰富、分析透彻、见解独到而精辟。本书的销量名列世界最大的教育图书出版社、美国Prentice Hall全球畅销书的前茅。

迎接未来世界的行动线索

第三次浪潮

美国／阿尔文·托夫勒

■作者介绍

阿尔文·托夫勒（Alvin Toffler，1928年— ）是世界著名的学者、社会思想家、未来学家，被公认为是美国当代最杰出的作家之一，他的著作在全球50多个国家中产生了巨大的影响。托夫勒有着丰富的生活经历，他曾先后在汽车厂、铸钢厂工作过5年，又到华盛顿当记者，他曾担任《幸福》杂志副主编，给许多杂志撰写文章，他还著有《文化消费者》、《城市学校宿舍》，1970年出版了《未来的震荡》，讨论了美国未来的政治和社会制度，被译为五十多种文字，畅销700万册。托夫勒还曾任罗素·赛奇基金特约研究员，在新社会研究学院讲授未来学。1969年在康乃尔大学任特聘教授，从事研究未来价值体系。

↑阿尔文·托夫勒像

他还曾任洛克菲勒兄弟基金会顾问，美国国际商用机器和未来研究所顾问。托夫勒的作品涉及面广泛，有相当的深度，为此他被吸收为美国科学进步协会研究员，并被授予美国"麦金西基金会图书奖"、"管理学文献卓越贡献奖"，以及法国政府的"最佳外国图书奖"、中国"金钥匙"奖。此外，他还被授予"科学、文学、法学"等五项荣誉博士学位。作为托夫勒的忠诚伴侣，托夫勒夫人海迪·托夫勒也是著名的未来学家并被授予法学荣誉博士学位，"意大利共和国总统功勋"。托夫勒是从西方资本主义社会出发研究未来学的社会学家，但是他探讨人类社会由于科技革命深入进行所面临的变革，却值得我们注意研究。

背景提示

未来学是近几年来在国外迅速发展，规模庞大的一门新兴的综合性学科。"未来学"一词，是德国学者欧·费莱希泰姆在四十年代首先提出和使用的。当前，未来学在世界各国受到各方面的重视，从事未来研究的学者越来越多。很多国家和地区都成立了未来研究机构，西方社会对未来的研究，一方面是为了适应科学技术迅猛发展的客观形势，另一方面也是为了避免资本主义社会的危机和动荡。

::内容提要

《第三次浪潮》除序言外，分为三个部分，共 27 章。托夫勒从生产力的角度出发，认为人类社会正在进入一个新的时期。这个新时期，他名之为"第三次浪潮文明"。根据他的分期，人类迄今已经历了两次浪潮的文明，第一次发生在八千到一万年前，是"农业革命"，人类从原始野蛮的渔猎时代进入了以农业为基础的社会；第二次发生在二百多年前，是"工业革命"。工业革命以后生产力

↑法国蓬皮杜艺术中心
作为一个文化艺术中心，蓬皮杜看起来更像一个大型厂房，由此可以看出工业对现代文化的影响。

得到极大的发展，但破坏了自然资源，环境污染严重，社会上一切都趋向商品化，还带来了通货膨胀、失业、帝国主义战争等弊端。因此，第二次浪潮已处于"严重危机中"，现在正面临着第三次浪潮，即"信息革命"，或"知识革命"。

序言提出了作者的观点——认为世界并没有面临末日，人类的历史刚刚开始。世界在混乱骚扰底下，蕴藏着惊人的希望和前景。预测社会未来不可能避免主观价值判断，本书并不是部科学著作。但本书是以大量事件和准系统化典型的工业文明与我们之间的关系为基础，探索社会未来的许多问题，并不是求知的好奇，这是人类生存攸关的大事。

第一部分为"浪潮的冲突"。只有一章。托夫勒认为新文明的诞生是我们生活中最大的事件。对于未来有两种看法：一是认为今天的改革，不会动摇他们所熟悉的经济与政治结构，期待未来将一如既往；另一种是断定今天的社会没有未来，世界已临末日。两次浪潮之间的冲突是以紧张的政局为中心贯穿于今天的社会，政治的根本问题在于谁能为新文明的兴起做出规划，以取代旧的工业社会。

↑人类首次登月成功
1969 年，美国宇航员阿姆斯特朗在月球上留下了第一个人类的脚印。

● 在工业社会中，一种最普遍的对两性的口头禅是，男人倾向于作为"客体"，而女人则是"主体"。

● 在跃向未来的赛跑中，富国和穷国站在同一条起跑线上。

第二部分为"第二次浪潮"，共9章。第二次浪潮的共同特征：一、都是以使用不能再生的化石燃料作为能源基础。二、技术的突飞猛进。三、大规模的销售系统。三者结合，形成了第二次浪潮的技术领域。

第三部分为本书的核心——"第三次浪潮"，共17章。我们又一次处在历史性技术飞跃发展时期的边缘，新的生产体系要求加速改进整个能源结构，能源不仅是个数量问题，而且还是个结构问题。第三次浪潮能源结构特点是：原料大部分是可以再生的，资源广泛，集中与分散相结合的生产方式，没有危险，浪费少。能源问题的斗争是与推翻第二次浪潮技术交织在一起。"第三次浪潮"是以电子工业、遗传工程等新兴工业为基础，主要特点是多样化、个人化和小型化。在第二次浪潮的社会中，强调的是一致性，然而第三次浪潮却恰好向相反的方向发展，群体被分割成为小块，这是在增加多样性的基础上的更高级的组织结构。再如，能源已由集中使用煤、石油和天然气，

↑伊恩·威尔穆特博士与他的科研成果——克隆羊多莉

1997年2月23日，科学家们在苏格兰爱丁堡的罗斯林实验室，成功产下第一只人工克隆动物。这是人类第一次利用人工遗传操作技术成功繁殖动物。

相关链接

《未来的冲击》的主题是探讨由于新技术革命的迅速发展，给社会经济结构和人们的生活方式带来了巨大变化，人们在这些迅速而剧烈的变化面前能否适应以及如何适应的问题。该书分为6个部分20章。第一部题为"永恒不复存在"，第二部题为"转瞬即逝"，两部谈的都是社会变化的短暂性。第三部题为"新颖奇特的世界"，从当时新鲜的角度论述了未来世界的新奇性。第四部题为"多样化的世界"，从选择对象的日益增多，形形色色的社会亚文化群的涌现，五花八门的生活方式等三个方面展开讨论，描述了高度工业化社会的多样性。第五部题为"适应力的极限"，第六部题为"生存的战略"。

发展为风力、地热、核聚变能、太阳能、氢能等，一致化的能源结构变成了多样化的能源结构。在第三次浪潮中，工厂也从大批量生产同样的产品，发展为小批量生产，一致化的生产变成了多样化生产。最先进的工厂向小型化发展，不再需要集中在城市。过去人们认为工作效率最高的地方是工厂、办公室，随着第三次浪潮的到来，许多人的工作从工厂回到自己家里。目前美国有50—70%的工人，他们接触的是纸、打字机、电话、计算机；他们创造的是字、符号、思想，而不是产品，而生产符号、字这样的工作是可能在家里进行的。美国目前从事农业的人口已经下降到2.6%，美国真正从事工业生产的工人数目也越来越少，越来越多的蓝领工人变成了白领工人，脑力劳动和体力劳动之间的界线模糊了。

::作品评价

本书提出的由于科学技术发展引起社会各方面的变化与趋势，值得我们注意与研究，它所阐述的观点也可以作为我们评价西方思潮之用。从这本书中，我们可以得到一种消息：现在已经突破和将要突破的新技术，运用于社会，将带来社会生产力的新的飞跃，相应的会带来社会生活的新变化。

名家汇评

无比巨大的巨著，托夫勒纵观太空和时空，将大量令人震惊的信息——从家庭到微观生物学——编织成一种新颖的历史理论。

——《华盛顿邮报》

托夫勒的观点是不朽的、新颖的，是现在和未来历史前进过程中不可少的行动指南。

——《商业周刊》

更扫码获资源取